原事典

永 井 義 男

朝日文庫

本書は二〇一三年二月、学研パブリッシングより
刊行されたものです。

はじめに

吉原《よしわら》は公許《こうきょ》の遊廓《ゆうかく》、つまり幕府公認の売春地区であり、遊女《ゆうじょ》は娼婦《しょうふ》（売春婦）だった。遊廓は廓《くるわ》ともいう。

冒頭から露骨な表現になったが、じつは吉原を江戸の華《はな》などと称揚し、美化するなかで、肝心の点がややあいまいになっている気がするからである。そのため、まず前提を明確にした。

とはいえ、吉原は現代の感覚でいうところのたんなる売春街ではなかった。江戸最大の観光地であり、一種のテーマパークであり、江戸文化の中心でもあった。

江戸見物にきた老若男女は、なによりもまず吉原に行きたがった。藩主の参勤交代に従って江戸にやってきた諸藩の勤番武士《きんばんぶし》も、第一に見物したがったのは吉原である。

一年を通じていろんなイベントが開催され、多くの男女が吉原に詰めかけた。男だけでなく、女も行楽気分で吉原を訪れていたのである。

吉原を題材にした戯作《げさく》（小説）、音曲《おんぎょく》、芝居、浄瑠璃《じょうるり》、浮世絵《うきよえ》・錦絵《にしきえ》、工芸品は数多い。また、芝居と並んで吉原は着物や髪形などファッションの流行の発信地でもあった。吉原を抜きにして江戸文化を語ることはできない。

その意味では、たしかに吉原は江戸の華であり、江戸文化の粋《すい》でもあった。

だが、いっぽうでは悲惨な暗黒面もあった。

榎本《えのもと》（宝井《たからい》）其角《きかく》にこんな句がある。

闇の夜は吉原ばかり月夜哉《かな》

この俳句は読点をどこに打つかで、まったく正反対の意味になる。

闇の夜は、吉原ばかり月夜哉
闇の夜は吉原ばかり、月夜哉

前者は、闇の夜でも、不夜城の吉原だけは満月の夜のような明るさである。

後者は、月が煌々《こうこう》と輝いている夜でも、吉原の女たちの身の上は闇夜である。

まさに吉原の二面性を象徴した句といえよう。

すべて物事には明暗の二面性がある。そして、光が強ければ強いほど、陰になった部分の闇は深い。吉原は華やかな世界と理解されているだけに、つまり「明」があまりに光り輝いているだけに、その陰となった「暗」も濃いといえよう。

本書では、「明」はもちろんのこと、「暗」の部分も避けることなく取りあげたし、いわゆる俗説や伝説にも疑問を呈し、私見を述べた。また、できるかぎり吉原の遊興《ゆうきょう》の仕組みや実態を解説するようつとめた。

なお、現在では江戸の娼婦を遊女と呼ぶことが多いが、当時は女郎《じょろう》と呼ぶのが一般的だった。女郎は蔑称ではなく、遊女自身も女郎と自称していたくらいだが、本書では現在の傾向に従って本文は遊女で統一した。

遊女を置いて営業している店は妓楼《ぎろう》、女郎屋、遊女屋、娼家《しょうか》などと呼ばれたが、吉原は妓楼、その他の遊里《ゆうり》は女郎屋で統一した。

引用した文献は、現在の分類にのっとるとフィクションとノンフィクションがある。ただし、江戸のフィクションは洒落本《しゃれぼん》、人情本《にんじょうぼん》、滑稽本《こっけいぼん》など区分が複雑なため、大きく戯作《げさく》と春本《しゅんぽん》にわけ、それぞれ書名の前に記した。ノンフィクションについては書名だけを記した。

また、引用した戯作や春本などの文章は、読みやすさを優先して現代仮名遣《かなづか》いにあらため、漢字は新字に統一した。一部の平仮名を漢字に直し、あきらかな誤字や当て字は正した。会話の部分には「　」をつけた。

吉原の歴史は長く、そのあいだの変化も大きいため、本書では江戸の町人文化が爛《らん》熟《じゆく》期を迎えた文化文政期《ぶんかぶんせい》（一八〇四～一八三〇）をいちおうの対象時期とした。とくに年代を明記していない場合は、化政《かせい》（文化文政）期の吉原である。

化政期は十一代将軍徳川家斉《いえなり》の治世下にあって、式亭三馬《しきていさんば》が『浮世風呂《うきよぶろ》』を刊行し（文化六年～）、滝沢馬琴《たきざわばきん》が『南総里見八犬伝《なんそうさとみはっけんでん》』を刊行し（文化十一年～）、シーボルトが長崎のオランダ商館に着任し（文政六年）、鶴屋南北《つるやなんぼく》の『東海道四谷怪談《とうかいどうよつやかいだん》』が初演され（文政八年）、葛飾北斎《かつしかほくさい》が『富嶽三十六景《ふがくさんじゅうろっけい》』を完成させた（文政十三年ころ）時代だった。

二〇一三年　二月

永井　義男

図説 吉原事典◆目次

第一章　吉原はこんなところ

◆幕府公認の遊廓

元吉原と吉原（新吉原）

吉原が公許の遊廓として誕生したのは元和《げんな》四年（一六一八）で、二代将軍秀忠《ひでただ》の時代である。場所は、現在の東京都中央区日本橋人形町のあたりだった。

ところが、幕府は遊廓が江戸の中心部にあるのは不適当として、およそ四十年後の明暦《めいれき》二年（一六五六）、移転を命じた。四代将軍家綱《いえつな》のときである。

これにともない、遊廓は浅草《あさくさ》の浅草寺《せんそうじ》の裏手にあたる、当時は辺鄙《へんぴ》な千束村《せんぞくむら》に移転し、翌明暦三年（一六五七）から営業を開始した。場所は、現在の東京都台東区千束四丁目の一帯である。なお、明暦の大火の前に、すでに吉原の移転はきまっていた。

以来、売春防止法《ばいしゅんぼうしほう》の施行にともなって昭和三十三年（一九五八）に終了するまで、約三百年にわたってこの千束の地で営業を続けた。

厳密には移転前の吉原は「元吉原《もとよしわら》」、移転後の吉原は「新吉原《しんよしわら》」だが、普通吉原というときは新吉原をさしており、本書もこれに従っている。

吉原は三百年以上の歴史があるだけに、制度や仕組みに変遷《へんせん》があった。

とくに宝暦期《ほうれきき》（一七五一～六四）に大きな変革があり、最高位の遊女《ゆうじょ》「太夫《たゆう》」の称号もなくなった。九代将軍家重《いえしげ》から十代将軍家治《いえはる》の初期にかけての時代である。

現在、時代小説や時代劇にもっぱら描かれているのは宝暦期以降、明治維新までの約百年間の吉原である。現代人がイメージする「江戸の吉原」は、この時期の吉原といってよい。吉原の遊女というとすぐに太夫が連想されるが、時代小説や時代劇の吉原に太夫はいなかった。

なお、公許の遊廓としては江戸の吉原のほか、京都に島原《しまばら》、大坂に新町《しんまち》、長崎に丸《まる》山《やま》があった。

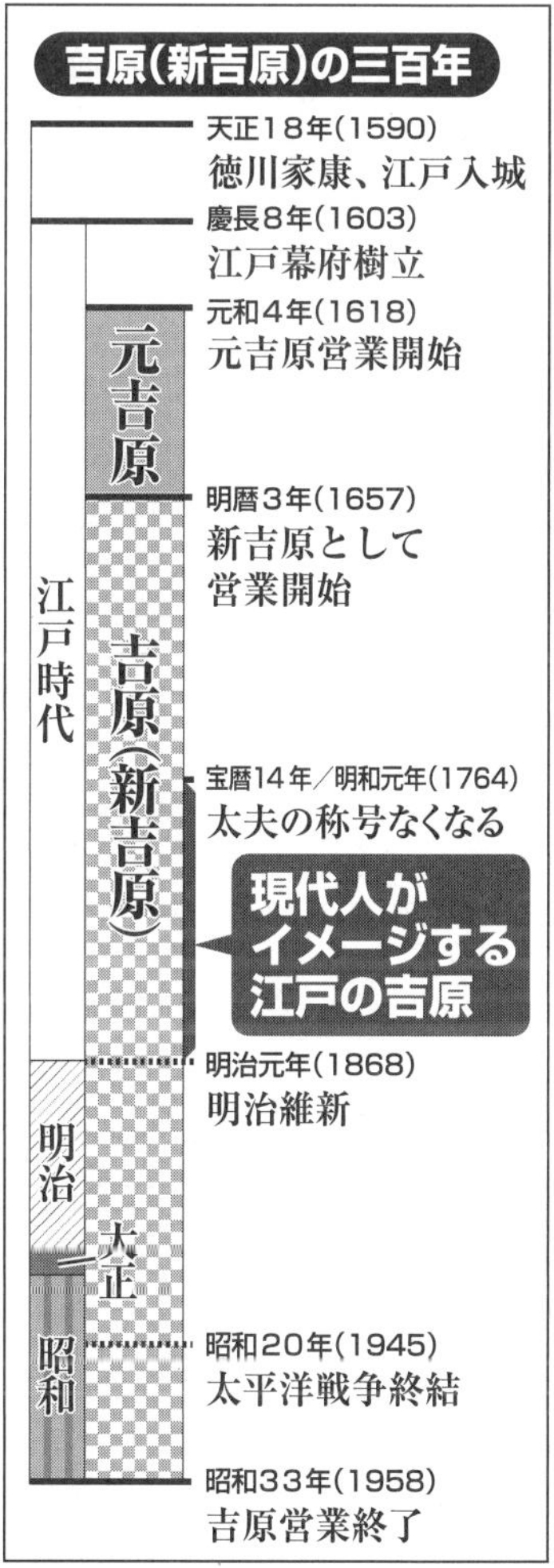

◆吉原とその他の遊里

吉原には連日連夜、大勢の男たちがつめかけ、川柳《せんりゅう》に、

夜と昼朝とへ落る日千両

と詠《よ》まれた。

夜は吉原、昼は芝居街（堺町《さかいちょう》・葺屋町《ふきやちょう》、天保《てんぽう》十三年からは猿若町《さるわかちょう》）、朝は日本橋の魚河岸《うおがし》である。この三ヵ所には毎日、千両の金が落ちたという。

もちろん、一日に千両はあくまでたとえであるが、吉原がいかににぎわい、繁栄を謳歌《おうか》していたかがわかる。

江戸には公許の遊廓である吉原のほかにも遊里が多かった。各地に無許可で売春業を営む岡場所《おかばしょ》があったし、街娼というべき夜鷹《よたか》も多数いた。

いっぽう、宿場《しゅくば》の旅籠屋《はたごや》には遊女（飯盛女《めしもりおんな》）を置くことが道中奉行から認められていた。江戸四宿《ししゅく》の品川《しながわ》（東海道《とうかいどう》）、内藤新宿《ないとうしんじゅく》（甲州街道《こうしゅうかいどう》）、板橋《いたばし》（中山道《なかせんどう》）、千住《せんじゅ》（日光《にっこう》・奥州街道《おうしゅうかいどう》）は厳密には江戸ではないが、市中から近いため、江戸の男たちにとっ

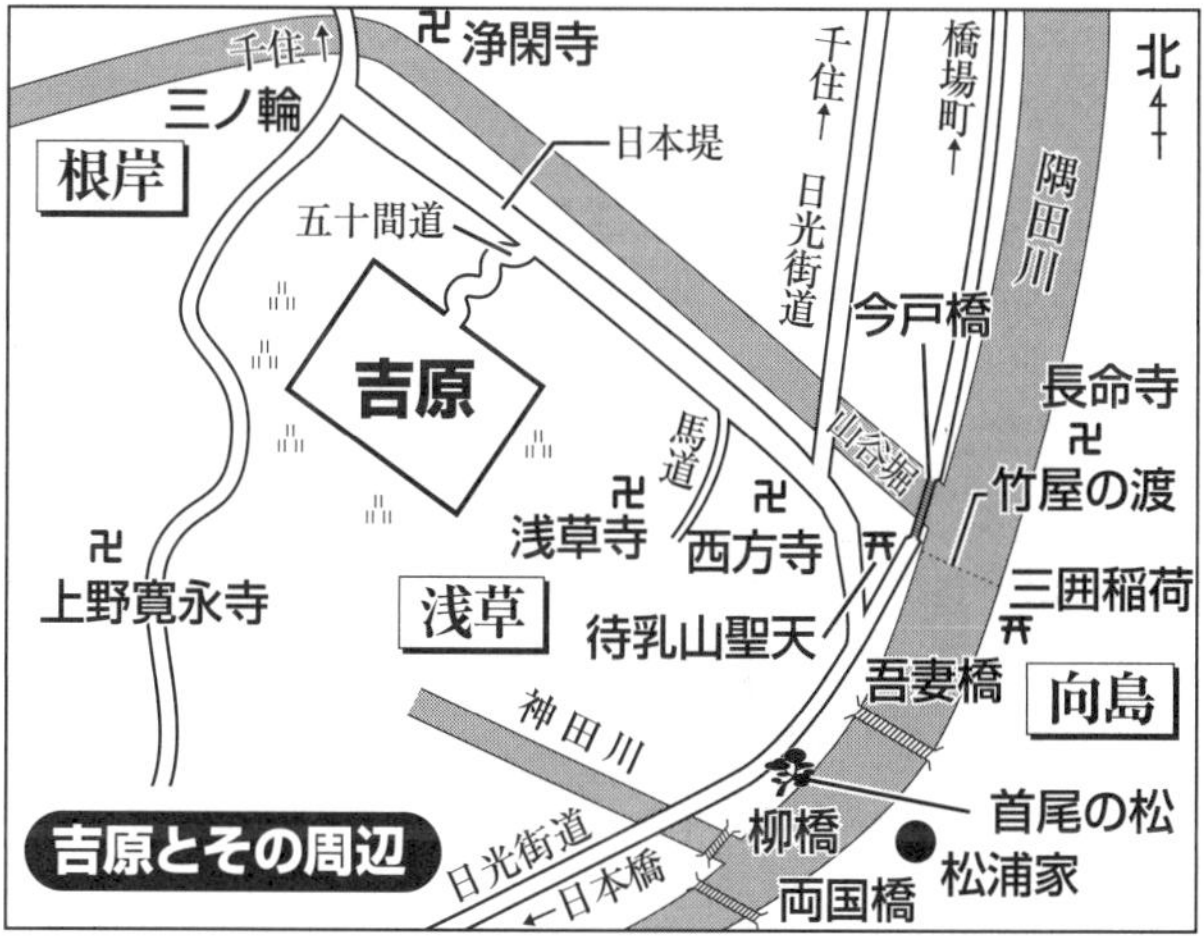

吉原とその周辺

て手軽な遊里だった。
江戸の遊里を整理するとつぎのようになる。

吉原　公許の遊廓で、町奉行所の支配下にあった。遊女は公娼《こうしょう》。
岡場所　時代によって差はあるが、江戸の各地に四十〜五十ヵ所あった。違法営業であり、遊女は私娼《ししょう》。
夜鷹　茣蓙《ござ》一枚を持って夜道に立ち、男をさそう街娼《がいしょう》。違法の私娼だが、江戸の各地に出没した。
宿場　江戸四宿（品川、内藤新宿、板橋、千住）の遊女は道中奉行から営業を認められているため、準公娼。

◆吉原への道

日本堤と土手八丁
日本堤《にほんづつみ》は、もともとは隅田川《すみだがわ》の出水を防ぐための堤防《ていぼう》だった。千束村に吉原ができてからは吉原がよいの道となった。
浅草聖天町《しようでんちよう》と三ノ輪《みのわ》を結ぶ一本道で、吉原はそのほぼ真ん中に位置しているため、江戸のどこから来るにしても、最後はこの日本堤を通らなければならない。とくに、待乳山聖天社《まつちやましようでんしや》の下から吉原入口までの道のりを土手八丁《どてはつちよう》といった。距離がほぼ八丁（約八百七十メートル）だったことに由来する。
吉原の行き帰りの男たちをあてこみ、土手八丁には葦簀《よしず》張りの水茶屋や屋台店が多数並んでいた。

衣紋坂と五十間道
日本堤は土手道で周囲より高くなっているため、吉原に向かうには坂をくだっていかねばならない。この坂が衣紋坂《えもんざか》である。
衣紋坂から大門《おおもん》までの道を五十間道《ごじつけんみち》といった。距離がおよそ五十間（約九十メート

『広重画帖 江戸高名会亭尽 新吉原衣紋坂日本堤』（国会図書館蔵）

ル）だったことからの命名といわれている。
五十間道は三曲《しょうか》がりに曲がり、両側には茶屋や商家が軒《のき》を連ねていた。

見返り柳と高札場

衣紋坂の左手おり口に、見返《みかえ》り柳《やなぎ》が立っていた。帰る客が名残を惜しみ、このあたりで吉原のほうを見返ることから名づけられたという。

坂をおりきったところの右手に、高札場《こうさつば》があった。高札には、江戸市中で許可なく売春業を営んではならない、遊廓に槍《やり》や長刀《なぎなた》を持ち込んではならないなどの禁止事項のほか、「医師之外《のほか》何者によらず乗物一切《いっさい》無用たるべし」の一条があった。

上の絵に衣紋坂と、左右にのびる日本堤、見返り柳が見える。

◆吉原の全貌

およそ一万人が生活

吉原の区画は長方形で、総坪数は二万七百六十七坪あった。

周囲には忍返《しのびがえし》が植えられた黒板塀《くろいたべい》がめぐらされ、その外はお歯黒《はぐろ》どぶと呼ばれる堀が取りかこんでいた。堀の幅はおよそ二間《けん》（約三・六メートル）である。

まわりには田んぼが広がり、吉原田圃《たんぼ》と呼ばれる田園地帯だった。

この、周囲をお歯黒どぶでかこまれた区画内に、遊女と妓楼の関係者、一般の商人や職人など合わせておよそ一万人が生活していた。

吉原はいくつかの町に分かれていたが、変遷を経て、江戸町《えどちょう》一丁目、江戸町二丁目、揚屋町《あげやまち》、角町《すみちょう》、京町《きょうまち》一丁目、京町二丁目、伏見町《ふしみちょう》に分けられ、町名主《なぬし》がいた。各町の入口には、木戸門《きどもん》がもうけられている。

大門から見て右端は西河岸《にしがし》、左端は羅生門河岸《らしょうもんがし》と呼ばれた。四隅には、稲荷社《いなりしゃ》が祀《まつ》られていた。

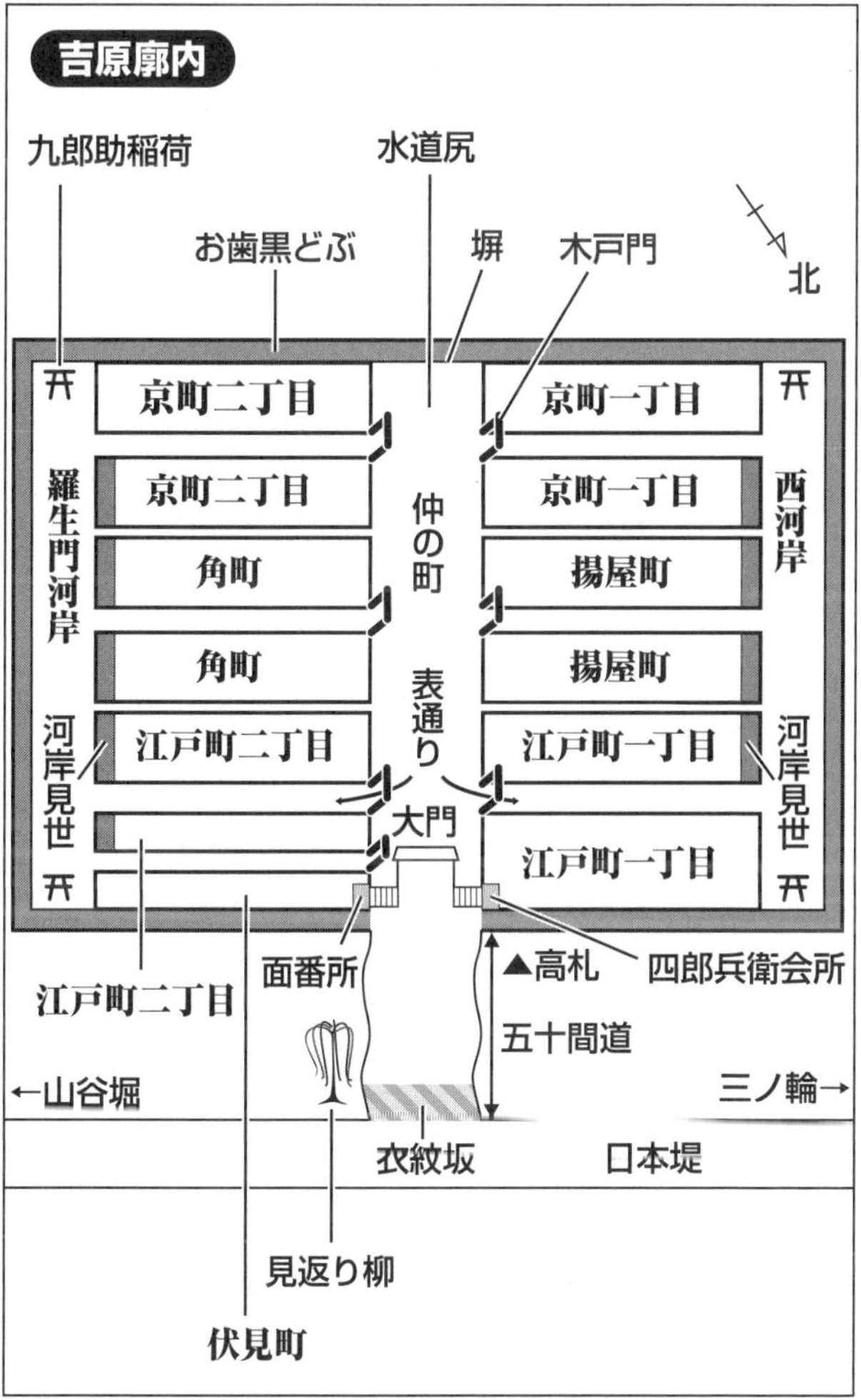
吉原廓内
九郎助稲荷
水道尻
お歯黒どぶ
塀
木戸門
北
京町二丁目
京町一丁目
京町二丁目
京町一丁目
羅生門河岸
仲の町
西河岸
角町
揚屋町
角町
揚屋町
表通り
河岸見世
江戸町二丁目
江戸町一丁目
河岸見世
大門
江戸町一丁目
面番所
▲高札
四郎兵衛会所
江戸町二丁目
五十間道
←山谷堀
三ノ輪→
衣紋坂
日本堤
見返り柳
伏見町

◆吉原の呼称

吉原は江戸市中から見て北に位置していることから、北里《ほくり》、北国《ほっこく》、北州《ほくしゅう》、北廓《ほっかく》なども称されたし、悪所《あくしょ》とか悪所場《あくしょば》などと言って眉《まゆ》をひそめる人もいた。

いっぽう、遊女、吉原の関係者、遊び慣れた通人《つうじん》などは気取って、「丁《ちょう》」、「里《さと》」と呼んだ。

吉原を舞台にした戯作では、「廓（郭）」に「ちょう」や「さと」という読み仮名をつけることが多い。

大門
大門《おおもん》は、お歯黒どぶでかこまれた吉原の唯一の出入り口である。黒塗り板葺《ぶ》きの屋根付き冠木門《かぶきもん》で、吉原に建ち並ぶ豪壮な建物にくらべると簡素だった。
夜明けとともに開門し、夜四《よ》ツ（午後十時ころ）に閉門したが、その後は脇にある袖門を利用できたので事実上、客は深夜でも出入りできた。
五十間道の高札にあるように、医者以外は駕籠《かご》に乗ったまま大門をくぐることは許されていない。たとえ大名《だいみょう》であっても大門の外で駕籠を降りなければならなかった。

面番所

大門をはいってすぐ左手に、面番所《めんばんしょ》と呼ばれる瓦屋根《かわらやね》の建物がある。

吉原は町奉行所の支配下にあるため、面番所に隠密廻《おんみつまわ》り同心《どうしん》ふたりと岡《おか》っ引《ぴき》が交代で常駐し、お尋《たず》ね者などが出入りするのを見張っていた。『江戸愚俗徒然話《えどぐぞくつれづればなし》』（天保八年）につぎのような話が出ている――。

吉原で生まれたが、吉原の外の商家で奉公している男がいた。親が病気と知り、泊りがけで実家に看病に行った。徹夜で看病をして、翌朝、大門を出ようとすると、面番所の役人に呼び止められた。

「待て。そのほう、何者か」

「わたくしは何町何衛門の手代《てだい》でございます。吉原出生《しゅっしょう》の者でございまして、親の病気の看病に昨夜まいり、ただいま、主人方へ帰るところでございます」

すぐに疑いが晴れ、男は放免されたが、なぜ自分が疑いを招いたのか不思議で仕方がない。そこで、大門まで引き返し、さきほどの役人にたずねた。

「わたくしの身なりなどに不審なところがございましたでしょうか。今後の心得のため、ぜひお教えください」

役人は笑って言った。

「まだ早朝で、廓の髪結床《かみゆいどこ》はあいていない。ところが、昨夜泊まったにしては、そのほうの頭に枕のあとがない。それで、いったい夜通し、なにをしておったのかと不審に思ったのじゃ」

面番所の役人はそれなりに目を光らせていたことがわかる。なお、天保十二年（一八四一）から始まった天保の改革では、町奉行所は吉原に岡っ引六十人分の給金、そのほか同心の特別手当、同心と岡っ引の弁当代などを負担させた。その総額は年間千二百両におよんだという。

四郎兵衛会所（吉原会所）

大門をはいって右手には四郎兵衛会所《しろべえかいしょ》、あるいは吉原会所と呼ばれる板屋根の小屋があり、番人が常駐して、女が大門を出るのを監視していた。

吉原は男の場合は、遊興であれ商用であれ見物であれ、その目的を問わず出入りは自由である。

しかし、女の場合はあらかじめ引手茶屋《ひきてぢゃや》や四郎兵衛会所に申し込んで切手《きって》（通行証）を入手しておき、大門を出る際に四郎兵衛会所の番人に提示しなければならなかった。切手を持っていない女は大門から外に出るのを許さなかったからである。遊女が変装して逃亡するのを防ぐための措置だった。

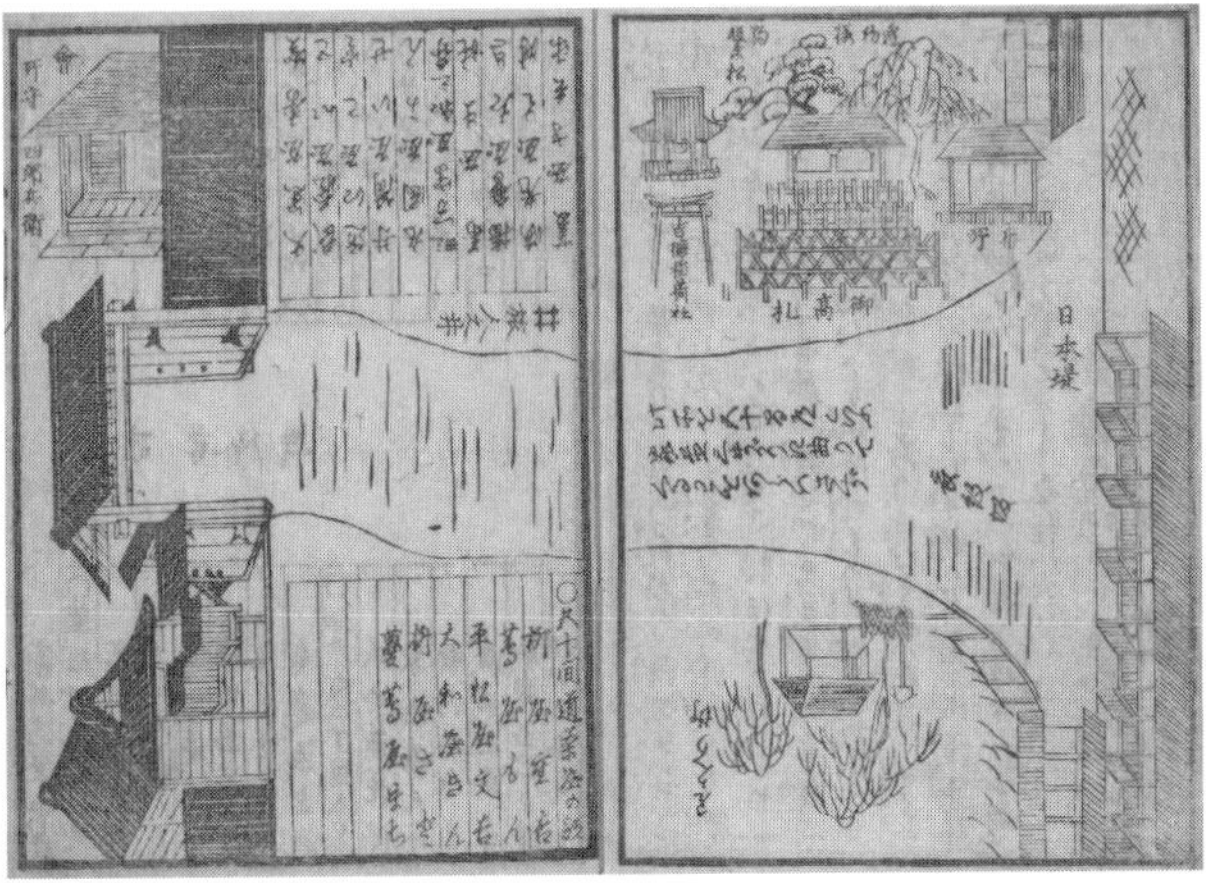

『吉原細見』（文久三年／国会図書館蔵）

上の絵は『吉原細見《よしわらさいけん》』の案内図で、大門の左にあるのが袖門と面番所、右に四郎兵衛会所がある。

仲の町

大門から水道尻《すいどじり》まで、吉原の中央部をまっすぐにつらぬく大通りが仲《なか》の町《ちょう》である。仲の町は通りの名であり、町名ではない。

たんに大通りというだけでなく、仲の町はイベント広場の性格も持っていた。通りの両側には引手茶屋が軒を連ね、建物の入口に掛けられた鬼《おに》簾《すだれ》と化色暖簾《のれん》が通りを華やかにいろどっていた。両側に引手茶屋が多いことから、吉原関係者が「仲の町に用がある」などと言う場合、引手茶屋を意味した。

この仲の町で繰り広げられるパレードが花魁道中《おいらんどうちゅう》である。季節ごとのイベントも、ここを中心におこなわれた。

左頁の絵は、桜の時期の仲の町のにぎわいを描いている。掲げられた提灯《ちょうちん》に「壹丁《いっちょう》目《め》」とあるので、描かれた木戸門は江戸町一丁目、あるいは京町一丁目の入口である。

仲の町の突き当たりは水道尻《すいどじり》と呼ばれ、秋葉常灯明《あきばじょうとうみょう》があり、秋葉権現《ごんげん》を祀《まつ》っていた。秋葉常灯明の後ろに火《ひ》の見櫓《みやぐら》があったが、天保（一八三〇〜四四）ころに取り払われた。

表通り

仲の町の側にもうけられた木戸門をくぐると、それぞれの町の表通りである。道幅は五メートルくらいで、両側には大小の妓楼が軒を並べていた。

「江戸町一丁目の通り」とか「角町の通り」と言う場合は、この表通《おもてどお》りのことである。

表通りの中央部にはどぶが掘られている。上にはどぶ板が敷かれ、一定間隔で用水《ようすい》桶《おけ》が置かれ、手桶が積まれていた。火事に備えるためである。用水桶の覆い板に屋号が書かれた妓楼はつねに用水桶に水を満たしておく責任があった。

表通りの中央部には用水桶と交互に、たそや（誰哉）行灯《あんどん》が設置されていた。たそや行灯には油を補充して、夜明けまで灯をともし続けたので、どんな夜でも表通りが真の闇になることはない。吉原は不夜城だった。

『欠題艶本』（浪速男一物／国際日本文化研究センター蔵）

六二頁の絵に用水桶とたそや行灯が描かれている。

二百以上の妓楼

吉原の妓楼は大見世《おおみせ》、中見世《ちゅうみせ》（交《まじ》り見《み》世《せ》）、小見世《こみせ》に分けられる。これは規模の違いと同時に、格の違いでもあった。当然、遊女の揚代《あげだい》（値段）や遊興費も異なる。大見世、中見世、小見世はすべて表通りにあった。

そのほか、羅生門河岸と西河岸に河岸《かし》見世《みせ》と呼ばれる安価な妓楼があった。

また、京町二丁目や伏見町には局見世《つぼねみせ》（切見世《きりみせ》）と呼ばれる長屋形式の安価な妓楼があった。

ただし、時代による変化も大きい。文化八年（一八一一）の『吉原細見』によると、大見世は、江戸町一丁目の松葉屋《まつばや》、扇屋《おうぎや》、江戸町二丁目の丁子屋《ちょうじや》、京町一丁目の大文字屋《だいもんじや》など合わせて八軒。なお、松葉屋は戯作『総籬《そうまがき》』（山東京伝《さんとうきょうでん》著、天明《てんめい》七年）のモデルになった妓楼である。

中見世は、京町一丁目の岡本屋、角町の加賀屋、そのほか江戸町一丁目と江戸町二丁目にもあり、合わせて十九軒。

小見世は、江戸町二丁目の丸屋をはじめ、江戸町一丁目、角町、京町一丁目と京町二丁目にあり、合わせて五十八軒である。

そのほか、羅生門河岸に二十八軒、西河岸に二十二軒の河岸見世がある。また、伏見町に二十一軒の安価な妓楼があり、京町二丁目には五十八軒の局見世があった。すべて合わせると、妓楼の数は二百十四軒である。

三千人を超す遊女

吉原は俗に「遊女三千」といわれたが、時代によってかなりの増減がある。

寛文《かんぶん》から天明期までのおよそ百二十年間は二千人台で推移した。

寛政《かんせい》三年（一七九一）ころから急増して、四千人から五千人近くになる。

化政《かせい》期はほぼ五千人台で推移した。

嘉永《かえい》・安政《あんせい》期は一時、六千人から七千人を記録するが、幕末には四千人台となった。

文化八年の妓楼の数

	大見世	中見世	小見世	局見世など	河岸見世
江戸町一丁目	3	6	5		
江戸町二丁目	3	2	10		
揚屋町	0	0	0		
角町	0	4	7		
京町一丁目	2	7	8		
京町二丁目	0	0	28	58	
伏見町	0	0	0	21	
羅生門河岸					28
西河岸					22

なお、大見世には遊女と禿《かむろ》を合わせて六十〜七十人が生活していた。
弘化《こうか》三年（一八四六）五月十五日、吉原の町役人が町奉行所に提出した報告書によると、吉原の人口は以下の通りである。

総人数　八千七百七十八人
　内　男　千四百三十九人
　　　女　七千三百三十九人
　　　内　遊女　四千八百三十四人

竈《かまど》の数（これは世帯数と考えてよかろう）は、七百三十九軒である。

多くの商家

時代によって差はあるが、吉原にはいろんな商家《しょうか》があった。
とくに揚屋町には妓楼はなく、表通り

『春色恵の花』（天保七年）

には商家が軒を並べていた。路地を奥にはいると、裏長屋《うらながや》がある。多くの商人、職人、芸人、芸事の師匠などが住み、揚屋町はほとんど江戸市中の町屋《まちや》と変わらない光景を形作っていた。

上の絵は、戯作《げさく》の挿絵《さしえ》に描かれた揚屋町の表通りである。商家の腰高障子《こしだかしょうじ》には煙草《たばこ》の葉や蠟燭《ろうそく》など、あつかう商品の絵が描かれていた。右端の木戸は裏長屋の入口である。

もちろん、揚屋町の住人の仕事は直接・間接に妓楼や遊女とかかわっていた。

こうして多種多様な商家もあったため、吉原の区画のなかで衣食住のすべてをまかなうことができた。

第二章　遊女の境遇

◆遊女をどう呼んだか

遊女と女郎、傾城

「はじめに」で、江戸時代は遊女《ゆうじょ》よりも女郎《じょろう》という呼び方のほうが一般的だったと述べた。

男の道楽を俗に「呑《の》む、打つ、買う」という。呑むは酒、打つは博奕《ばくち》、買うは女郎買いである。現代風に言うとアルコール、ギャンブル、フーゾクになろうか。吉原で遊ぶことも女郎買いだった。

なお、吉原の遊女のことを傾城《けいせい》ともいった。これは、美人が色香《いろか》で城や国を傾けるという故事に由来し、もともとは漢語である。

お女郎という呼び方

田舎《いなか》から江戸見物に出てきた人々にとって、「浅草の観音《かんのん》さま」、つまり浅草の浅草寺《せんそうじ》に参詣《さんけい》したあと吉原に足をのばすのは、いわば定番の観光コースになっていた。

ほとんどの場合、妓楼《ぎろう》にはあがらず、ただ見物してまわるだけである。これを「お女郎見物」といった。田舎から出てきた人々にとって、吉原の遊女は「お女郎」だった。娼婦に対する蔑視はまったくない。

国に帰ったあと、

「江戸の吉原のお女郎は、まるで天女《てんにょ》のようだったぞ」

などと、得意げに土産《みやげ》話をした。

聞いた人々は目を輝かせ、あこがれを強めたであろう。吉原の遊女へのあこがれは全国規模だった。

源氏名と襲名

遊女は本名ではなく、妓楼からあたえられた源氏名《げんじな》を名乗った。

妓楼ごとに上級遊女の源氏名には格があり、由緒ある源氏名は代々、襲名された。三浦屋《みうらや》の高尾《たかお》などはその例である。

文化十二年（一八一五）の『吉原細見《よしわらさいけん》』によると、江戸町一丁目の大見世《おおみせ》扇屋の上級遊女として花扇《はなおうぎ》、滝橋《たきはし》、華妻《はなづま》などの源氏名が掲載されている。この三人は浮世絵《うきよえ》にも描かれたほどの美人だった。

扇屋の下級遊女は、つやま、つくも、おと川、いそ川などである。

なお、花園、花山、花里など一文字が共通しているのは、姉女郎と妹女郎の関係になる。

花魁とお職

花魁《おいらん》は吉原の上級遊女への敬称である。上級の遊女に対しては、妓楼の奉公人はもとより、客も「花魁」と呼びかけた。

岡場所や宿場の遊女は花魁とは呼ばない。吉原独特の呼称であり、格式の高さを示す象徴でもあった。

戯作《げさく》『錦之裏《にしきのうら》』（寛政三年）に、こんな場面がある――。

九ツ（正午ころ）過ぎ、引手茶屋《ひきてぢゃや》に呼ばれて行く夕霧を見かけて楼主《ろうしゅ》が声をかけた。

「おいらん、お早いの」

そして、ちょっと話をしたあと、こう続ける。

「ふう、ちょっと後ろを向いて見せな。おお、でえぶ髪の風《ふう》が、人柄《ひとがら》がよくなった。さあさあ、客人が待っていよう。早く行きな」

楼主ですら花魁と呼びかけ、一目置いていたことがわかる。

なお、その妓楼で筆頭の遊女を「お職《しょく》」という。右の夕霧はお職だった。

◆遊女の階級

遊女には厳格な階級があり、その待遇にも歴然とした差があった。妓楼が遊女同士を競わせ、客に見栄《みえ》を張らせ、売上をのばすためである。

宝暦《ほうれき》（一七五一〜六四）のころに太夫《たゆう》・格子《こうし》などの階級が消えたあと、昼三《ちゅうさん》が最高位の遊女となり、つぎのような序列で幕末まで続いた。昼三は、昼夜の揚代《あげだい》が金三分《ぶ》であることに由来する。

上級遊女（花魁）

部屋持《へやもち》……個室をあたえられ、そこに平常起居し、客も迎えた。

座敷持《ざしきもち》……平常起居する個室と、客を迎える座敷をあたえられていた。

昼三……平常起居する個室と、客を迎える座敷をあたえられ、ともに豪華だった。

さらに昼三のなかの最高位を「呼出《よびだ》し昼三」という。

呼出し昼三は多数の供《とも》を従えて花魁道中をおこなった。

昼三には配下に番頭新造《ばんとうしんぞう》、二〜三人の振袖新造《ふりそでしんぞう》、禿《かむろ》ふたりがつき雑用をこなす。いっぽう、昼三のほうも配下の禿が一人前になるまで面倒をみてやらねばならなかった。

下級遊女（新造）
振袖新造（略して振新《ふりしん》）……個室はなく、二十畳くらいの部屋で雑居していた。客を取るときは共用の廻《まわ》し部屋を用いる。
番頭新造（略して番新《ばんしん》）……上級遊女の雑用を引き受ける。年季明《ねんきあ》けのあとで勤めるため、多くは三十を過ぎていた。原則として客は取らない。

禿
十〜十五歳くらいの女の子で、花魁の下で雑用をするかたわら、妓楼のしきたりを学び、遊女としてのしつけを受けた。十五、六歳で新造になり、客を取り始める。
妓楼からあたえられる名は「みどり」「よしの」など、平仮名の三文字が多い。
三九頁の絵は花魁と禿が描かれているが、襖《ふすま》の図柄は吉原の妓楼の紋《もん》尽くしになっている。

花魁と遊べる客
戯作『吉原やうし』（天明《てんめい》七年）に上級遊女（花魁）と遊べる客を分類している。
呼出し昼三…諸藩の留守居役《るすいやく》、江戸に出てきた地方の豪商・豪農、大店《おおだな》の旦那《だんな》
昼三………大店の若旦那、大名や旗本の若殿、大名家御用達《ごようたし》の商人

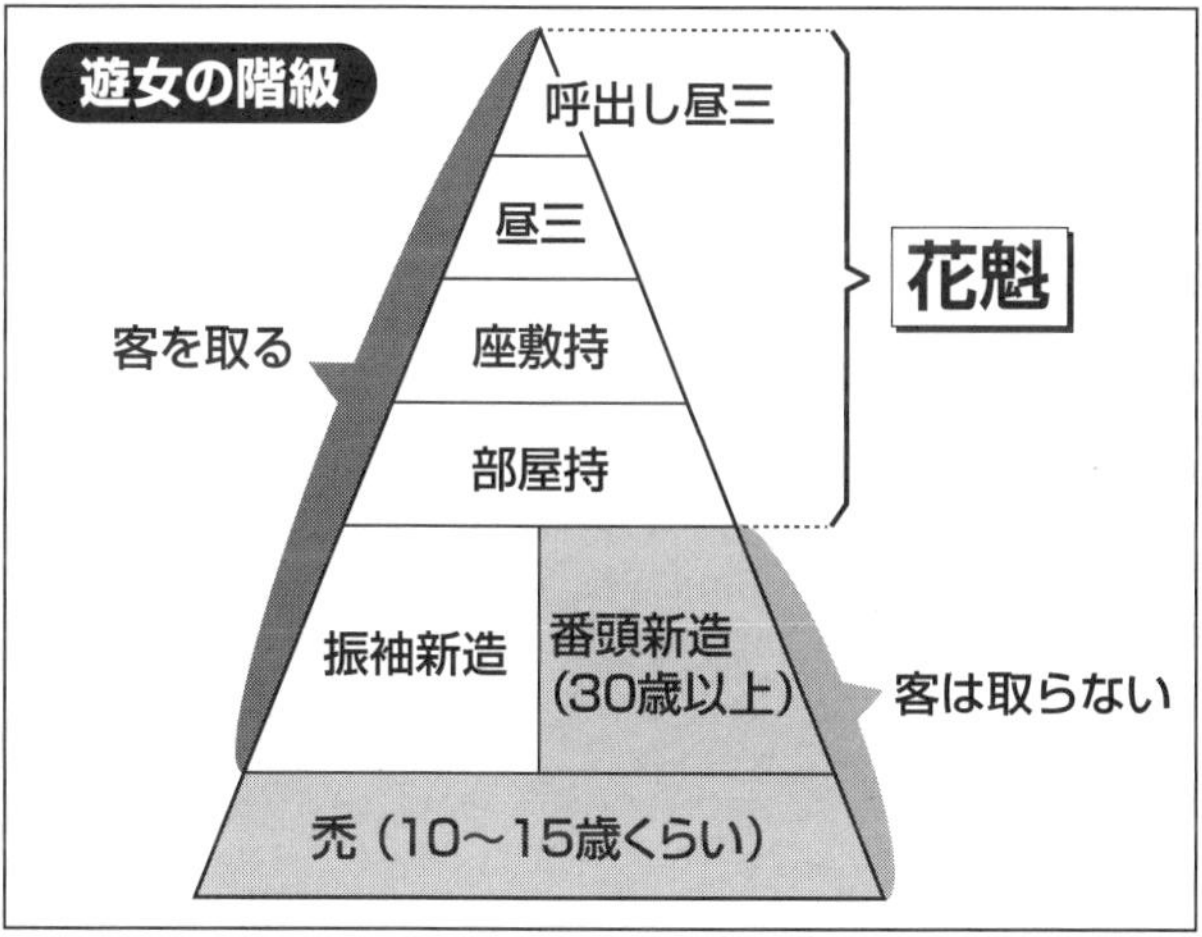

座敷持……旗本の次男坊、商家の番頭
部屋持……諸藩の藩士、高禄の幕臣
天明《てんめい》（一七八一〜八九）のころの羽振りのよい人種がわかる。花魁は庶民には高嶺《たかね》の花の存在だった。

昼三は気位が高い

戯作『狐竇這入《きつねのあなばいり》』（享和《きょうわ》二年）に、遊女と客が激しく口論する場面がある——。

怒った客が罵倒した。

「てめえたちのような、はした女郎にやア……」

遊女が啖呵《たんか》を切って、言い返す。

「わっちらァ、はした女郎じゃァ、おざんせん。ちょうど三分《さんぶ》の女郎ざんす」

そばにいた茶屋の男がハラハラして、

「モシ、花魁。どうしたものでございます。あんまり、もののおっしゃりようが」

と、婉曲にたしなめる。

遊女は「揚代がちょうど金三分の女郎」、つまり昼三だった。その妓楼の最高位である。気位《きぐらい》も高かった。

また、茶屋の男が遊女に「花魁」と呼びかけ、立てていたこともわかる光景である。

◆階級と揚代

最高は一両一分

揚代とは、遊女を買うときの料金である。話しことばでは「つとめ」や「おつとめ」と言うのが普通だった。

遊女の階級は揚代にも反映された。文政九年（一八二六）の『吉原細見』によると、最上級の呼出し昼三は新造付きで、金一両一分である。新造付きとは、振袖新造が供に従ってくること。

呼出し昼三でも、新造が付かないと金三分。

昼三は昼夜共《とも》金三分、夜ばかり金一分二朱《しゅ》。

『見立源氏琴碁書画之内』
（歌川豊国／元治元年／都立中央図書館特別文庫室蔵）

座敷持は昼夜金二分、夜ばかり金一分。

部屋持は昼夜金一分、夜ばかり金二朱。

などであるが、遊女の格はもちろんのこと、妓楼の格によっても値段は異なるため
かなり複雑であり、一概には言えない。

また、表示価格だけでは終わらなかった。酒や仕出し料理を頼んだり、宴席に芸者や幇間《ほうかん》を呼んだりすれば、そのぶんが加算されるし、遊女や奉公人に祝儀《しゅうぎ》もはずまなければならない。

客にとって、実際は表示価格の数倍の負担になった。

いっぽうの遊女にとっても、表示価格以上の金を客に出させる必要があった。

というのは、遊女はいわば妓楼に住み込みで働いている身であり、最低限の衣食住は保証されているが、直接自分のふところにはいる現金収入がないと買い食いもできないし、衣装や髪飾りも買えない。

そのため、遊女はあの手この手で客にねだり、表示価格とは別に祝儀を出させた。

結果として、吉原の遊びは高くついた。

現代の価格に換算すると

江戸時代は人件費（人の値段）は安く、物の値段は高かった。対照的に現代は人件

江戸時代の貨幣制度

●金貨
1両=4分　1分=4朱

●銀貨
1貫目=1,000匁　1匁=10分
1分=10厘　1厘=10毛

●銅貨
1貫文=1,000文

※換算率……金1両=銀60匁=銭6,500文

費は高く、物の値段は安い。

換算の基準そのものが変わっているため、遊女の揚代が現在のいくらに相当するかを計算するのは非常にむずかしいが、いちおう人件費や物価を勘案して本書では一両＝十万円で換算していきたい。時代は文化文政期とする。

ただし、当時の貨幣制度は複雑だった。金貨、銀貨、銅（銭《ぜに》）貨の三種の通貨体系が併存しており、しかも変動相場制だった。いまでいえば、円、ドル、ユーロが同時に流通しているようなものである。上の図に貨幣制度をまとめた。

換算率は文化文政期の平均で、金一両＝銀六〇匁《もんめ》＝銭六五〇〇文《もん》くらいだった。本書では、これにもとづき換算していく。

なお、このように貨幣制度が複雑だったた

め、江戸時代は両替屋が繁盛した。旅先では、旅籠屋《はたごや》なども両替をおこなう。

衣食住の値段はピン（最上）からキリ（最下）まである。遊女の揚代も例外ではない。

ピンからキリまで

戯作『金草鞋初編《かねのわらじしょへん》』（文化十年）に、吉原見物の男が案内人に遊女の揚代を質問する場面がある――。

「銭《ぜに》さあ幾何《いくら》つん出したら買わるべい」

案内人は答えた。

「女郎の値段は種々《いろいろ》ありやす。まァ、貴価《たかい》ところは今、一両一分さ」

この一両一分は、大見世の呼出し昼三の揚代である。現在の十二万五千円に相当するが、実際には揚代だけでは終わらない。派手な酒宴をひらき、芸者や幇間も呼んで遊び、気前よく祝儀をふるまえば、ひと晩で百万円くらいの散財となったが、ここでは揚代に限定しよう。

遊女のピンからキリまでは、吉原の呼出し昼三がピンとすれば、キリは夜鷹《よたか》である。

夜鷹は筵《むしろ》一枚を持って道端に立ち、客をさそう街娼で、その値段は蕎麦《そば》一杯と同じとも、二十四文とも言われた。

呼出し昼三が一両一分、夜鷹が二十四文で計算すると、呼出し昼三の揚代は夜鷹の約三百四十倍である。当時の遊女の値段の格差の大きさがわかる。

ただし、吉原の遊女のなかにもピンからキリまであった。下級遊女の新造を買い、酒宴などもいっさいしなければ金二朱ですんだ。現在の一万二千五百円ほどである。

◆身売り

事実上の人身売買

幕府も建前《たてまえ》としては人身売買を禁じていたため、表向き遊女は年季《ねんき》と給金《きゅうきん》をきめて妓楼に奉公《ほうこう》をする奉公人という形式になっていた。きちんと証文《しょうもん》も取り交わす。

しかし、実際には貧しい親が給金を前借りする形で、娘を妓楼に売り渡していた。いわゆる身売りであり、実質的な人身売買だった。

身売りには、親や親類が直接娘を妓楼に売る場合と、いったん女衒《ぜげん》に売り、女衒が妓楼に売り渡す形があった。

女衒はいわば人買い稼業である。江戸から遠い農村では、親は女衒に頼まざるを得なかった。

身売りの金額

身売りの金額はいくらくらいだったのだろうか。

落語の『文七元結《ぶんしちもっとい》』では、職人の娘が一家の窮状を救うため吉原に身売りをするが、その代金は五十両である。落語『柳田格之進《やなぎだかくのしん》』でも、妻が浪人している夫のために吉原に身売りをするが、その代金は五十両である。

しかし、現在の五百万円に相当するこの金額は、時代考証としては信憑性《しんぴょうせい》はない。

落語は独特の誇張がある。また、たとえ古典落語でも時代や演者によって改変がなされている。五十両は現代の聴衆にわかりやすい、切りのよい数字であろう。

では、史料ではどうだろうか。

幼い女の子の場合

『世事見聞録《せじけんぶんろく》』（文化十三年）に、

「みな親の艱難《かんなん》によって出るなり。国々の内にも越中《えっちゅう》・越後《えちご》・出羽《でわ》辺より多く出るなり。わずか三両か五両の金子《きんす》に詰まりて売るという」

とあり、越中（富山県）・越後（新潟県）・出羽（山形・秋田県）の貧農が生活に困り、三〜五両で娘を売っているという。現在の三十〜五十万円である。

この場合、女衒が農村をまわり、幼い女の子を三〜五両で仕入れている。女衒はこれに経費と利益を上乗せした金額で、妓楼に売り渡していた。

それにしても、「女の値段」はあまりに安いが、妓楼の理屈は、

「稼げるようになるまで、ただ飯を食わせなければならないのだから」

というものであったろう。

妓楼は女の子が客を取れるようになるまで、禿として育てなければならない。つまり、「即戦力」ではないという論法である。

娘の場合

『宮川舎漫筆《みやがわのやまんぴつ》』と『き丶のまにまに』に、身売りの事例が載っている。

安政《あんせい》四年（一八五七）、下級武士の娘が貧窮におちいった親きょうだいを助けるためみずからすすんで吉原に身売りをしたが、その値段は十八両だった。現在の百八十万円である。

武士の娘は吉原ではいわゆる上玉《じょうだま》であろう。それでもわずか十八両だった。

落語の身売り話にくらべると悲惨なくらい低い金額だが、これが現実だった。

競売にかけられた女

天保《てんぽう》十二年（一八四一）閏《うるう》一月、町奉行所は岡場所の私娼を大々的に取り締まり、

召し捕った女を競売にかけて吉原に売り渡した。
そのとき、妓楼がセリで入札した女の名前や給金が『藤岡屋日記《ふじおかやにっき》』に出ている。なお、「給金」と言っているが、実際はセリ落とした金額である。その、ほんの一部を紹介する。
きん　十九歳　角町《すみちょう》近江屋へ　金七両三朱《しゅ》
たけ　十八歳　角町叶屋へ　金五両
きん　二十四歳　角町丁子屋へ　金二両二分
つね　十八歳　江戸町《えどちょう》一丁目丸亀屋へ　金五両二分
岡場所の遊女だったため、妓楼にとっては「即戦力」になる人材だが、金額はこの程度だった。
「女の値段」という場合、ふた通りの意味がある。妓楼が客に遊女を売るときの値段（揚代）と、妓楼が女を仕入れるときの値段である。前者にくらべ、後者は唖然《あぜん》とするくらい安い。

◆遊女の境遇

苦界と呼ばれた

遊女の境遇を「苦界《くがい》」という。妓楼に身売りして遊女になることを「苦界に身を沈める」といった。

遊女の境遇は連日連夜、不特定多数の男との性行為を強制されるというものだった。しかも、年季が明けるまで辞めることはできない。苦界ということばの持つ意味は重い。

「憂河竹《うきかわたけ》」や、「憂河竹に身を沈める」という言い方もあった。「憂」は「浮」をかけており、はかない遊女の身の上を象徴している。遊女の境遇を「泥水稼業《どろみずかぎょう》」ともいった。

親孝行をした女

遊女が毎日泣き暮らしていたわけではないし、貧農の家に生まれた女からすれば、吉原のほうが衣食住はゆたかという一面があった。とくに、「白いおまんま」を食べられるのは、吉原だからこそだった。

農民は米を作っていても、収穫の大部分を年貢《ねんぐ》として供出《きょうしゅつ》しなければならないため、自分たちが日ごろ食べるのは麦や雑穀《ざっこく》まじりである。白米は祭りなどのときに食べる、あくまでご馳走《ちそう》だった。ところが、吉原では毎日、白米を食べる。

身につける衣装も、寝起きする場所も、貧乏人の娘には考えられないほどのゆたかさだった。

さらに、日々の妓楼の生活のなかにも、楽しみや喜びはあったであろう。

しかし、実質的な人身売買によって遊女になったという前提を忘れてはなるまい。

たとえ貧しい家の娘が自分から身売りを申し出た場合でも、それは両親や兄弟姉妹を救うためだった。自分が犠牲になって、貧窮にあえぐ家族を救ったのである。

こういう事情がわかっていたため、当時の人々は誰も「淫乱で男が好きだから遊女になった」とは考えなかった。むしろ、遊女は親孝行をした女、身売りは親孝行と理解するのが一般的な社会通念だった。

親や親類が因果をふくめる

身売りに対する当時の人々の考え方が戯作『風俗吾妻男《ふうぞくあづまおとこ》』（天保四年）によく表われている――。

相応な暮らしをしていた商家があったが、妻が病気になったのをきっかけに商売も左前《ひだりまえ》になった。

夫は医者や薬に手をつくしたが、妻はいっこうに快癒《かいゆ》しない。あげくは、あちこちに借金もできて家計は火の車となり、薬も買えない苦境におちいった。

そこで、親類も集まって相談し、ひとり娘のお梅、十五歳を吉原に売るしかないときまった。みなでお梅に因果《いんが》を含め、最後に、病の床の母親が涙声で言い聞かせた。

「見らるる通りみなさんまでにご苦労をかけ、よんどころなくそなたを廓《くるわ》へ売らねばならぬ手詰めの災難。金が敵《かたき》の世の中と思うてなりと聞き分けて、里の勤めをしてたもい」

そばから、親類一同が口々に言う。

「親のために身を売るを、誰が悪う言うものか。ああ、孝行な娘だ。さあ、聞き分けたら、おっ母《か》ァへ、とくとく返事をしたがよい」

「あい」と答えて、お梅は涙にくれる。

娘の運命に父と母も泣き沈んだ。

それなりの暮らし向きをしていた商家などでも、夫婦の病気や商売の失敗などで零落《れいらく》して娘を売る羽目になることがままあった。右の例はその典型であろう。

読者はお梅の運命に同情し涙したが、身売り制度に疑問をいだいたり、義憤を覚えたりはしなかった。身売りはありふれたことだったからである。なお、「里の勤め」とは、吉原の遊女になること。

外国人も理解を示した

幕末に来日したオランダ人の医師ポンペはその著『日本滞在見聞記《にほんたいざいけんぶんき》』で、日本には売春婦が驚くほどたくさんいると指摘している。

いっぽうで、

「貧しい両親たちは自分の若い娘を、しかも大変幼い年端《としは》もゆかぬ時期に公認の遊女屋に売るのである。ときには五歳から六歳ぐらいの年のこともある……この点にヨーロッパの場合との最大の相違点がある。ヨーロッパでは個人が自分で売春するのであって、だからこそ本人が社会から蔑視されねばならない。日本では全然本人の罪ではない」

と述べ、遊女の境遇に理解を示した。

◆遊女の一生

苦界十年、二十七明け

遊女の経歴には、幼いころに売られて禿《かむろ》として育てられ、その後に客を取るようになる場合と、売られてきてすぐに客を取る場合の二通りがある。

一般に、吉原の遊女は「年季《ねんき》は最長十年、二十七歳まで」という原則があったが、あくまで原則である。

禿から始まった女は、客を取り始めてから十年が適用されたため、妓楼にいる年月は十年をはるかに超えた。

しかも、妓楼で生活していくなかでいろいろな出費を強《し》いられる。結果として、遊女はさまざまな借金を背負うことになった。

その借金を返すため、年季が明けたあとも数年、働かなければならないこともあったし、鞍替《くらが》えという形でほかの妓楼に売られることもあった。

明確な統計はないが、健康な体で無事に年季明けを迎える遊女は少なかったと思われる。年季が明けないうちに、二十代で病死する遊女が多かった。

梅毒《ばいどく》や淋病《りんびょう》など性病の感染、密集した生活をしているため労咳《ろうがい》（肺結核《はいけつかく》）など伝染病の感染、栄養不良、過労などが死因であろう。

ようやく年季が明けた遊女には、楼主《ろうしゅ》が身売り証文を返却し、つぎのような文言《もんごん》が書かれた手形《てがた》を渡した。

支配家持誰抱遊女誰事誰
今度相定申候季明候に付門外身寄之者へ引渡し遣し候間大門無相違可被通候事
月　日　　名主　印
大門　四郎兵衛どの

切手を持たない女は四郎兵衛会所《しろべえかいしょ》の番人が見咎《みとが》めて、大門《おおもん》から外には出さないからである。こうした手形を切手の代わりに示して、年季が明けた女は晴れて大門から外の世界に出て行った。

左頁は、遊女の一生をおおまかに図示したものである。

つぎに、遊女としての出発から見ていこう。

新造出し

禿が新造《しんぞう》になるときのお披露目《ひろめ》が新造出《だ》しである。いわば、禿卒業といえる。

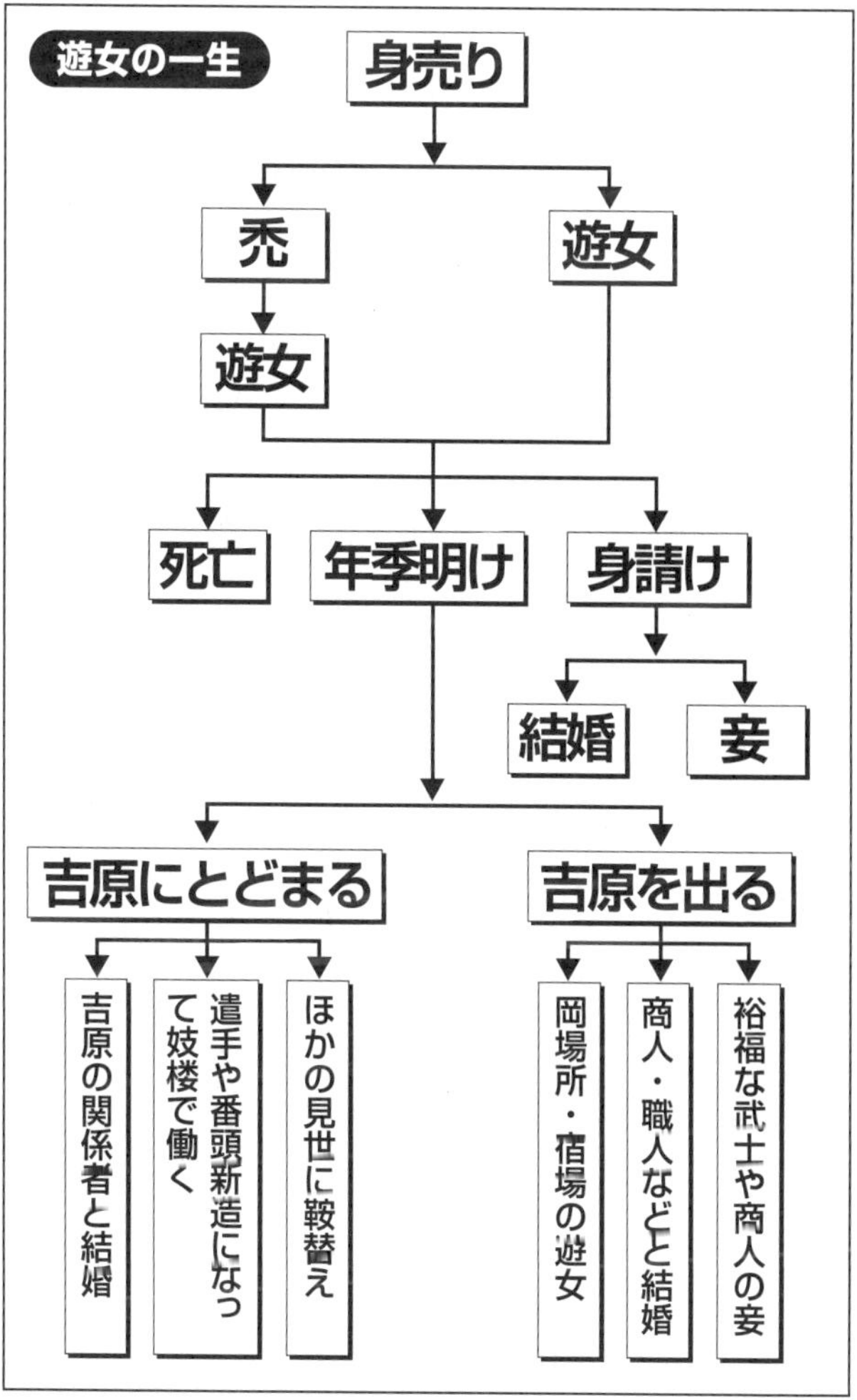
遊女の一生
身売り
禿
遊女
遊女
死亡
年季明け
身請け
結婚
妾
吉原にとどまる
吉原を出る
吉原の関係者と結婚
遣手や番頭新造になって妓楼で働く
ほかの見世に鞍替え
岡場所・宿場の遊女
商人・職人などと結婚
裕福な武士や商人の妾

『古今吉原大全《ここんよしわらたいぜん》』（明和五年）に、こうある——。
五、六歳、あるいは七、八歳より、この里へきたりて、姉女郎に従い、十三、四歳にもなれば、姉女郎の見はからいにて、新造に出すなり。
十三、四歳くらいで新造出しになったようだ。ただし、まだ客は取らない。
新造出しの十日ほど前、妓楼内をはじめ引手茶屋《ひきてぢゃや》や船宿《ふなやど》にも蕎麦《そば》を配った。また、赤飯《せきはん》を炊《た》いて、あちこちに配った。

当日は、妓楼の前に蒸籠《せいろう》を積み重ね、一番上に白木の台をのせ、そこに縮緬《ちりめん》、緞子《どんす》などの反物《たんもの》を飾った。

こういう派手なお披露目には多額の費用がかかったが、すべて姉女郎である花魁の負担となった。

遊女は自分の客から金を引き出すしかない。それができなければ、自分が借金を背負うことになる。

突出し

新造が初めて客を取り、遊女として一人前になるのが突出《つきだ》しである。

この突出しに際しても着物や夜具《やぐ》を新調しなければならないし、盛大なお披露目もおこなうため、かなりの費用がかかった。

ただし、新造出しとは異なり、突出しの費用は原則として妓楼が負担した。

大田南畝《おおたなんぽ》は天明六年（一七八六）、江戸町一丁目の大見世松葉屋の遊女三保崎《みほざき》を身請《う》けし、妾《めかけ》とした。南畝が三保崎に取材して書いた『松楼私語《しょうろうしご》』で、当時の松葉屋の様子がわかる――。

突出しの日には紋所《もんどころ》をつけた金銀の扇《おうぎ》や、盃を配った。挨拶まわりには幇間《ほりかん》や引手茶屋の若い者が同行するが、祝儀に一分ずつあたえた。強飯《こわめし》を蒸《ふ》かせて吉原中に配り、引手茶屋には蒸籠を配った。

水揚

水揚《みずあげ》とは性の初体験（破瓜《はか》）である。

既婚の女や、結婚前でもすでに男を知っている女が身売りしてくることもあるが、幼いときに売られてきて禿として育てられた女や、未婚の生娘《きむすめ》が売られてきた場合は、突出しの前に水揚という儀式がある。

春本『正写相生源氏《しょううつしあいおいげんじ》』（嘉永《かえい》四年ころ）に、妓楼では抱え遊女の水揚には気心の知れた客のなかの、四十歳以上の男に依頼するとし、その理由として、つぎのように述べている――。

「若《わけ》ェ者はいざ戦場と言ってみねえ、松の根ッ子か、山椒《さんしょう》の擂子木《すりこぎ》のようにして突き立てるから堪《たま》らねえ。ところが四十以上の者は、たとえ勃起《おこっ》てもどこか和《やわ》らかで、ふうわりとするだろう。そのうえ、おめえ、場数巧者《ばかずこうしゃ》で、なかなか雛妓《しんぞ》を痛めるようなことはしねえサ」

春本《しゅんぽん》だけに表現はやや下品だが、妓楼の内情がよくわかる。水揚は「場数巧者」、つまり女扱いに慣れた男に頼んでいた。当時、四十歳はすでに初老だった。

妓楼は水揚にかなり気を使っていたが、要するに遊女が商品だったからである。いったん突出しをすませると、どんどん客を取ってもらわねばならない。初体験で男性恐怖症になったり、性への嫌悪感を持ったりしないようにする配慮だった。

戯作『にほひ袋』（享和二年）に、生酔《なまよ》いの客が廊下で禿をつかまえ、

「どれ、てめえの水揚をしてやらう」

と、からかう場面がある。

禿は客の手を振りきり、

「アレ、およしなんし、エエ」

と、逃げ出す。

禿はすでに水揚がどんなものか知っていた。禿から育てられた女の子は十歳前後から、こんな環境で生活していたのである。

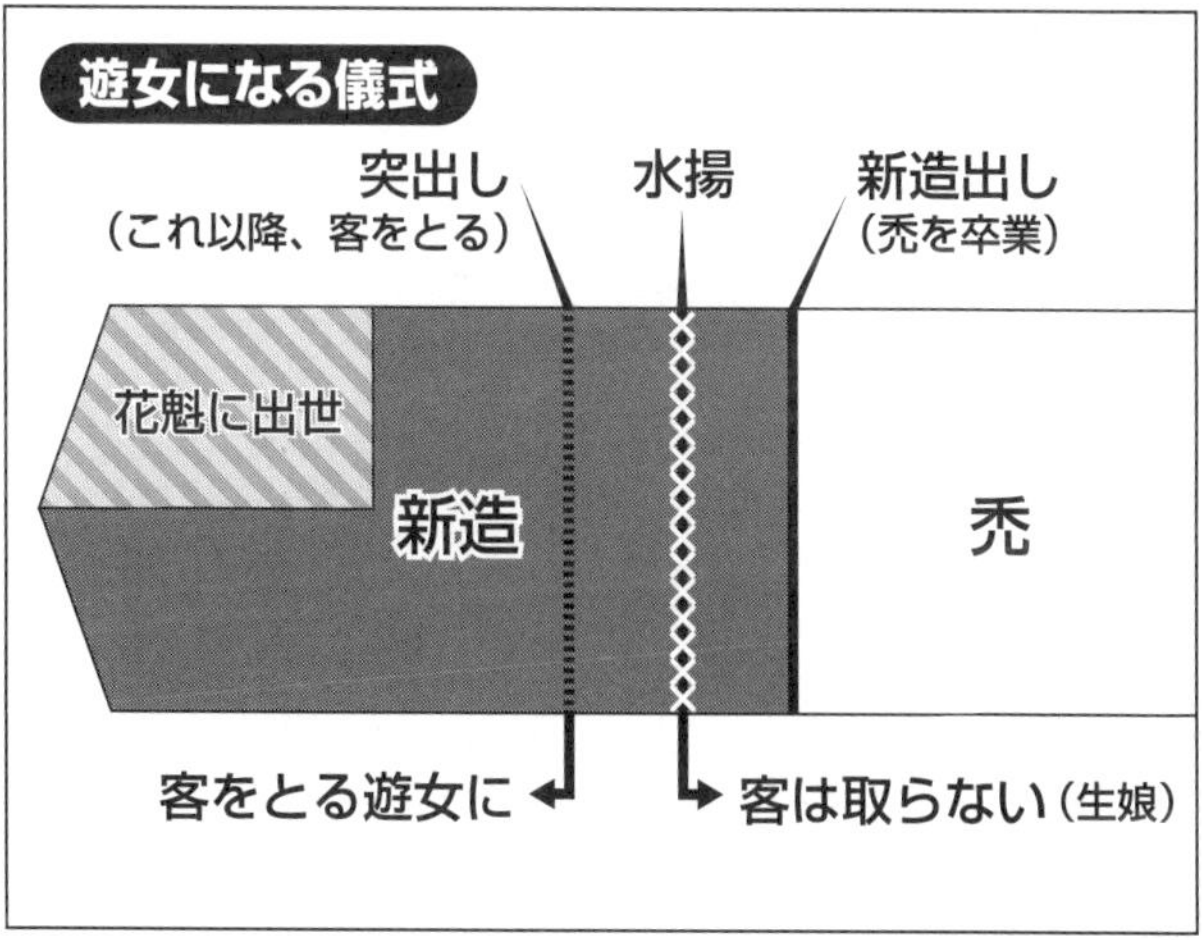

上の図に、禿から育てられた女が一人前の遊女となって、客を取るようになるまでの儀式をまとめた。

身請け

まだ年季《ねんき》が明けないうちに吉原を抜け出す方策として、身請《みう》けがあった。

客が金を出して年季証文《ねんきしょうもん》を買い取り、遊女の身柄をもらい受けるのが身請けである。

元禄《げんろく》十三年（一七〇〇）、松葉屋の抱え遊女薄雲が樽代《たるだい》（身代金）三百五十両で身請けされた。身請けしたのは町人である。

安永《あんえい》四年（一七七五）には、当時全盛の松葉屋の瀬川《せがわ》を、盲目の高利貸《こうりがし》烏山検《からすやまけん》校《ぎょう》が千四百両で身請けし、江戸中の話題となった。

『藤岡屋日記』には、弘化《こうか》三年（一八四六）、ある人が遊女を三百両で身請けしようとしたが、妓楼は六百両を主張して譲らず、けっきょく断念したという話が記されている。妓楼はこのときとばかり、吹っかけたのであろう。

瀬川の千四百両は極端としても、身請けには莫大な金がかかった。

妓楼に支払う身代金のほかに、朋輩《ほうばい》や妹分の遊女、妓楼の奉公人一同、引手茶屋、幇間、芸者などに挨拶をし、金品を贈らなければならない。

そのほか、盛大な送別宴も客の負担である。

抱え遊女が身請けされると、妓楼は大もうけをした。

ただし、因業《いんごう》な楼主だけではなかった。『街談文々集要《がいだんぶんぶんしゆうよう》』につぎのような身請けの話が出ている――。

三十間堀《さんじつけんぼり》の大店《おおだな》の主人が京町の海老屋《えびや》の遊女杣川《そまかわ》のもとにかよっていたが、病に倒れ、まもなく死んでしまった。文化六年（一八〇九）の暮れのことである。

年が明けてから、女房が海老屋を訪れ、杣川を身請けしたいと申し入れた。死期を悟った主人は妻に、杣川を自由の身にしてやってほしいと頼んでいたのだ。

本来なら五百両のところ、楼主も心を打たれて百両で身請けに応じたという。

年季明け

身請けという僥倖《ぎょうこう》を得るのは才色兼備で幸運にもめぐまれた、ごくひとにぎりの遊女である。多くの遊女は指折り数えて、ひたすら年季明けを待つしかなかった。

しかし、年季が明けたあと素人《しろうと》の女に戻り、裏長屋に住む庶民の女房になろうとしてもかなり困難だった。

というのは、とくに禿から妓楼で生活してきた女は吉原の外の世界のことをほとんど知らなかったからである。炊事洗濯裁縫《すいじせんたくさいほう》などの家事はまったくできないし、世間の常識もなかった。

戯作『後編娙意妃《あいかえし》』（享和《きょうわ》二年）に、遊女が客に、年季明けには女房にしてくれと願う場面がある。客はとくに裕福というわけではなく、普通の庶民である——。

「廓《くるわ》にいればこそ、面白いこともあり、おかしいこともあるが、素人になっては、あいそづかしだ。女郎あがりというものは、髪はろくに結《い》いもえず、仕事はできず、おらがような貧乏者の女房にはごめんだ」

と、男はきっぱり断わる。

房事《ぼうじ》で男を悦《よろこ》ばす技には長《た》けていても、家事ができなくては裏長屋に住む庶民の女房としては失格だった。

また、結婚しても、

「勤めあがりは、できいせんと申しいす」（戯作『ふたもと松』）

「女郎衆はマア十人が九人、めったに子供を産まねえから」（戯作『春色梅児誉美《しゅんしょくうめごよみ》』）

とあり、元遊女の女は子供ができないのが普通だった。遊女時代の荒淫と病気が原因である。「勤めあがり」は元遊女のことで、「商売あがり」ともいった。

苦界の年月は、吉原を出たあとの人生にも大きな影響をおよぼしたことになろう。

裕福な町人の妻や妾《めかけ》に迎えられる例もあったが、この場合は妾宅《しょうたく》に住み、女中や下男、下女が家事全般をおこなってくれるため、元遊女でもやっていけた。また、男のほうも妻や妾が吉原の花魁だったことを自慢し、世間もうらやましがった。

戯作『春告鳥《はるつげどり》』（天保七年）で、元遊女のおやなに対し、近所の女がこう言う――。

「此《こ》の裏も能婦《いいおんな》ぞろいであったッけが、おまえが来てから年増《としま》は言うに及ばず、十六、七の娘たちまで、不残《みんな》おやなさんに押し付けられたという評判だわネ」

おやなが住むようになって以来、一帯では既婚の女も娘も、みな圧倒されてしまった、と。元遊女の容色や色気がいかに目立ったかがわかる。

遊女に逆戻り

年季が明けたあと、実家に戻る女は少ない。

すでに実家は兄や弟が継いでいる。もと玄人《くろうと》の姉や妹が戻ってきては、実家は迷惑なのだ。かつて親孝行をしたはずの女であるが、素人になったからといって、こころよく受け入れる実家はほとんどなかった。

そのため、幇間や、河岸見世《かしみせ》の楼主、小料理屋の亭主など、妓楼に関係する男と所帯を持つ女が多かった。けっきょく、吉原から離れられないわけである。

戯作『廓之桜《くるわのはな》』（享和元年）に、年季明けのあと、西河岸にある河岸見世の楼主の女房となったお定という女が登場する。

お定はかつて自分が遊女だった妓楼にしばしば顔を出すが、いちおう楼主の女房になっただけに勝組の感覚だろうか。もし河岸見世の遊女に零落していたら、とてもかつての朋輩に顔見せはできないであろう。

いっぽう、所帯を持とうと言う男もいないため、やむなく吉原のなかの河岸見世や、吉原の外の岡場所などに流れていく女も多かった。生活の手段としては、体を売るしかなかったのだ。

いったん苦界に沈んだ女の多くは、遊女の暮らしが死ぬまで続いた。

ただし、吉原から岡場所や宿場の女郎屋に流れてきた遊女は光ったようだ。戯作『里《さと》のをだ巻評《まきひょう》』（安永《あんえい》三年）は、「掃溜《はきだめ》の鶴《つる》」、「砂《いさご》の中の金《こがね》」と評している。

やはり禿から育てられた女には、遊女としてのしつけが行き届いていたのであろう。

『浮世姿吉原大全　仲の町へ客を送る寝衣姿』（渓斎英泉／国会図書館蔵）

第三章　妓楼の人々と内部の構造

◆楼主

忘八と呼ばれた

楼主《ろうしゅ》は妓楼《ぎろう》の経営者である。妓楼の一階の奥に専用の部屋があり、家族と一緒に住んでいた。

営業の時間帯は、一階の内所《ないしょ》と呼ばれる場所に陣取り、楼内に目を配っていた。左頁の絵は、内所の長火鉢《ながひばち》の前に坐った楼主夫婦である。手前の男は商談に来た商人、右端の女に手をひかれているのは盲目の按摩《あんま》。

妓楼は多くの遊女や奉公人をかかえ、毎日多数の客も出入りする。商売柄、いろいろな悶着《もんちゃく》もおきる。妓楼をやっていくには、かなりの経営手腕と管理能力が要求された。才智と同時に、冷酷非情な一面も必要だった。

俗に楼主のことを「忘八《ぼうはち》」と呼んだ。仁《じん》・義《ぎ》・礼《れい》・智《ち》・忠《ちゅう》・信《しん》・孝《こう》・悌《てい》の八つを忘れた人非人《にんぴにん》という意味である。

『世事見聞録《せじけんぶんろく》』（文化十三年）は、こう痛罵《つうば》している。

「売女《ばいじょ》は悪《にく》むべきものにあらず。ただ憎むべきものは、かの忘八と唱《とな》うる売女業体《ぎょうたい》のものなり。天道に背《そむ》き、人道に背きたる業体にて、およそ人間にあらず。畜生同然の

『北里十二時』（文化年間／国会図書館蔵）

仕業《しわざ》、憎むに余りあるものなり」

このように、女の膏血《こうけつ》を搾《しぼ》り取る卑賤《ひせん》な稼業とさげすまれていた楼主だが、なかには教養人や文化人もいた。例として、ふたりをあげよう。

墨河と加保茶元成

江戸町《えどちょう》一丁目の扇屋は天明《てんめい》（一七八一～八九）のころ、吉原に冠《かん》たる大見世《おおみせ》だった。

扇屋に隆盛をもたらした楼主宇右衛門《うえもん》は俳名を墨河《ぼくが》という俳人《はいじん》で、山東京伝《さんとうきょうでん》と親しかった。

墨河と女房は、歌人・国学者として名高い加藤千蔭《かとうちかげ》の門人である。墨河は遊女の教育にも力をそそぎ、抱え遊女の滝川は千蔭の門人だったし、花扇は書家・沢田東江《さわだとうこう》の門人だった。

いっぽう、京町一丁目の大見世《おおみせ》大文字屋の楼主市兵衛《いちべえ》は狂名を加保茶元成《かぼちゃのもとなり》といい、狂歌《きょうか》の吉原連《よしわられん》の指導者だった。大田南畝《おおたなんぽ》ら文人との交流もあり、大文字屋に南畝を招いて狂歌会がもよおされたこともあった。

女房も秋風女房という狂名を持ち、狂歌をよくした。

南畝著『奴師労之《やっこだこ》』によると、大文字屋の初代楼主はもともと河岸見世《かしみせ》を営《いとな》んでいた。そのころ、安いカボチャを大量に買い込んでおいて、遊女に出す惣菜《そうざい》はカボチャばかりだった。そうやって金を貯め、念願の表通りに進出したのである。そのため、人々は初代に「かぼちゃ」というあだ名をつけたという。

二代目の楼主市兵衛は、初代にかぼちゃの異名があったことを逆手《さかて》に取り、加保茶元成を狂名にしたのであろう。

楼主が文化人の大文字屋も、もとをただせば遊女を粗食で酷使することで基礎を築いたといえよう。

◆遣手

憎まれ婆ぁの存在

遊女を監視・管理する監督係である。各妓楼にひとりずついた。

年季《ねんき》が明けても行き先のない遊女がそのまま妓楼にとどまり、遣手《やりて》を務めることが多かった。吉原のことは裏も表も知り抜いており、いわば海千山千《うみせんやません》の女である。

禿《かむろ》のしつけから、遊女に客あしらいを指導したり、閨房《けいぼう》の技《わざ》を伝授したりと、その役割は大きかった。働きの悪い遊女や、行儀のよくない禿を情け容赦なく叱りつけ、時には残忍な折檻《せっかん》もおこなった。それだけに、遊女や禿からは嫌われ、怖れられる存在だった。

とくに妓楼から給金は出ず、客からの祝儀《しゅうぎ》や茶屋からの割戻《わりもど》しが遣手の収入になっていた。そのため、金払いのよい客と見るや遊女を駆り立てたし、金が続かなくなってきていると見抜くや、遊女を遠ざけさせた。

遊女が客に本気で惚《ほ》れてしまわないよう監視するのも、遣手の重要な役目だった。

遣手の小言

戯作《げさく》『取組手鑑《とりくみてかがみ》』（寛政《かんせい》五年）に、遣手の生態が生き生きと描かれている――。

初会《しょかい》の客の座敷に挨拶をしに顔を出すと、客が祝儀をあたえた。

「おほほほほほ、へい、ありがとうおざります。あの子や、お銚子《ちょうし》をもっと、てめいのほうへ寄せておきや。お召《め》し物《もの》へかかろうぞよ。ほんに、まだ、ご膳《ぜん》をあげんそうだ」

その後、遣手は廊下を歩きながら、

「花いきさん、上草履《うわぞうり》が片っぽ、見えやせんによ。ひと所《ところ》へ寄せておきなせい」

連子《れんじ》を見ては、

「悪いこった。よく取り締まっておけばいいに。履物《はきもの》が中庭へ落ちそうだ」

廊下に禿が紙切れを落としているのを拾いあげ、

「こんなこったによって、気はゆるされねい」

部屋持《へやもち》の部屋をのぞくと、遊女は高いびきで寝ており、そばで初会の客がもじもじしている。

「モシエ、まきやさんへ、チット、どうしたもんでおざりやすえ」

と、遊女を叱りつけながら、行灯《あんどん》のそばの獅嚙火鉢《しがみひばち》で杉箸《すぎばし》がくすぶっているのに気づき、

「こんなこったによって、火の用心が悪い」

と言いながら、火の上の土瓶《どびん》の位置を直す。

部屋を出て廊下を歩きながら、

「また、誰か連子をあけた。風があたってなるもんではねい」

と、連子窓を閉じる。

ようやく遣手部屋に戻り、

『客衆肝照子』（天明六年／国会図書館蔵）

「ア、天気になるそうだァ、南無妙法蓮華《なむみょうほうれんげ》経《きょう》」

と唱えながら、どっかとすわる。

このように、つねに小言《こごと》を言う遣手が多かった。

逆から言えば、しょっちゅう注意していなければ、遊女や禿はだらしなくなった。上の絵は、遊女を叱りつけている遣手である。

◆若い者

年齢にかかわりなく、妓楼で働く男の奉公人を総称して若《わか》い者《もの》といった。厳密にいうと、接客にかかわる男の奉公人が若い者であり、飯炊《めした》きや風呂番《ふろばん》などの裏方は雇人《やといにん》である。

遊び慣れた客などが若い者に声をかけるときは、「若《わか》い衆《し》」「若《わけ》え衆《し》」などと呼んだ。

若い者の仕事は多岐にわたっており、実際は数種の仕事を兼ねていることが多い。

番頭

若い者の筆頭であり、帳場《ちょうば》をあずかるのが役目であるが、内所と帳場の位置関係は不明。戯作《げさく》『総籬《そうまがき》』（天明《てんめい》七年）に、番頭《ばんとう》が帳場から、

「源兵衛《げんべえ》、源兵衛、お客人だぞよ」

と、若い者に指示する場面がある。

明治期の絵には妓楼の番頭が描かれているが、江戸期の絵画には皆無である。

見世番

妓楼の入口に置かれた妓夫台《ぎゅうだい》（八一頁の図参照）にすわり、出入りする人々を見張った。

張見世《はりみせ》で遊女を見立てている客に遊女の名を教えたり、客の指名をなかに取り次いだりするのも見世番《みせばん》の役目だった。

廻し方（二階廻し）

遊女が客を迎える座敷は二階にあるが、この二階の全般を取り仕切るのが役目である。

初会《しょかい》の客と遊女の対面の場には遣手と一緒に同席するが、客が馴染《なじ》みになってからは、ほとんどすべてが廻《まわ》し方《かた》に任されていた。

遊女と客のあいだに立って、座敷の設定や宴席の世話などをした。折を見て、客に揚代《あげだい》を請求するのも廻し方の仕事である。

戯作『文選臥坐《もんぜんござ》』（寛政二年）は、廻し方の若い者が客の勤番武士《きんばんぶし》に揚代を請求する場面を、つぎのように描いている――。

「おつとめをいただきましょう」

「心得ました。女郎はいくらじゃ。二朱《しゅ》か」

「あのお子はお座敷でござりますから、百疋《ぴき》でござります」

「よし、よし」
お座敷とは座敷持《ざしきもち》のこと、百疋は金一分《ぶ》のことである。
うるさい客や悪酔いした客をなだめすかしたり、わがままを言う遊女をおだてたり、泣き落としたりしなければならないことも多い。才覚があり、気働きができる人間でなければ、とても務まらない仕事だった。

床廻し
廻し方や遣手などの指示を受け、客と遊女の寝床の設定をするのが床廻《とこまわ》しの役目である。

掛廻り
引手茶屋《ひきてぢやや》などから売掛金を集金するのが役目である。
戯作『錦之裏《にしきのうら》』（寛政三年）で、掛廻《かけまわ》りの若い者が茶をすすりながら振袖新造《ふりそでしんぞう》にぼやく――。
「いめえましい。仲《なか》の町《ちよう》へ行って来たが、さっぱり掛けが寄らねえ。これじゃァ、この物前《ものめえ》は、蜜柑《みかん》でこせえた猿《さる》を見るやうに、首でもくくらにゃァならねえ」

仲の町は引手茶屋のこと、物前《ものまえ》は勘定決算期のことである。

集金の成績がよくないと、楼主にきびしく叱責《しっせき》されるのはもちろんのこと、給金を減らされる場合もあった。

客引き

河岸見世《かしみせ》はもちろんだが、表通りの妓楼でも小見世《こみせ》は若い者が客引《きゃくひ》きをした。

時代がくだるにつれ客引きもしつこく、強引になった。

『藤岡屋日記《ふじおかやにっき》』に拠《よ》ると、文化《ぶんか》四年（一八〇七）、吉原見物に来た奥州《おうしゅう》の農民の四人連れを楼主の指示で、若い者が強引に妓楼に引っ張り込み、酒を呑んだだけにもかかわらず法外な支払いを求めた。訴えを受けた町奉行所は楼主に獄門《ごくもん》、加担していた若い者には敲《たた》きの上、追放の判決をくだした。

その処罰のきびしさは驚くべきだが、奉行所の考え方はこうだったであろう。つまり、だまし、だまされるのが吉原の遊びであり、遊女が客をだますのはかまわない。しかし、楼主や若い者が客をだましてはならない、と。

吉原の商売のあり方について、奉行所はきちんと筋を通していたことになろう。

◆雇人

料理番

大見世ともなると、遊女や奉公人を合わせて百人もの人間が生活する大所帯である。料理番《りょうりばん》の仕事はもっぱら、妓楼内のまかないだった。

客に出す簡単な料理も作ったが、宴席に出す見ばえのいい料理は、台屋《だいや》と呼ばれる仕出《しだ》し料理屋から取り寄せるのが一般的だった。

料理番とは別に、飯炊《めした》きの男がいた。飯炊き専門の雇人《やといにん》である。

左頁の絵は、入口からはいったすぐの土間で、軽衫《かるさん》をはいた料理番が、魚の行商人と値段の交渉をしているところである。

風呂番

妓楼には内湯《うちゆ》があった。風呂《ふろ》を沸かし、掃除をするのが仕事である。

遊女は朝風呂にはいった。居続《いつづ》けの客が朝風呂にはいることもある。

九ツ（正午ころ）、

「湯をしまいます」

『錦之裏』（寛政三年／国会図書館蔵）

と、二階に触れてまわったあと、湯を落とす。

あと始末をしてしまったら、風呂《ふろ》番《ばん》の仕事は翌朝までない。夜の忙しい時間帯には、二階座敷に酒や料理を運ぶ仕事をした。

中郎

妓楼の内外の掃除をするのが中郎《ちゆうろう》の役目である。

二階には長い廊下が縦横に走っていたため、雑巾《ぞうきん》がけはかなりの重労働だった。掃除のほか、各種の雑用もこなした。

不寝番

二階の廊下を、カチカチと拍子木《ひょうしぎ》を打ち、

「七ツ（午前四時ころ）でございます」

などと、徹夜で時刻を告げてまわるのが役目である。

客と遊女が寝ている部屋では、隅に置いた行灯《あんどん》の火をともし続け、真っ暗にすることはない。そのため、定期的に油を補充しなければならなかった。

夜中、部屋のなかにはいって行灯の油皿に油をついでまわるのも不寝番《ねずのばん》の役目である。左頁の絵は、行灯の油をつぎ足しているところ。

夜が明けると、行灯の掃除をしてからやっと寝床に就く。

お針

裁縫女《さいほうおんな》である。妓楼に住み込みと、かよいがいた。一一三頁の絵の左にお針《はり》の仕事の様子が描かれている。

住み込みのお針は、一階のお針部屋と呼ばれる部屋に起居《ききょ》した。

かよいのお針は吉原のなかの裏長屋や、浅草の今戸町《いまどちょう》や山谷町《さんやちょう》などに住み、妓楼に仕事をもらいにくる。

戯作『穴可至子《あなかしこ》』（享和《きょうわ》二年）に、禿《かむろ》の着物の袖《そで》にほつれがあるのに気づいた遊女

『繁千話』（寛政二年／国会図書館蔵）

が、

「下へ行ったら、お針さんに縫ってもらや」

と言う場面がある。


遊女は裁縫などまったくできないため、ちょっとした着物の継《つ》ぎ接《け》ぎでもお針に頼まなければならなかった。

お針は専門職であり、年に四、五両の給金を受け取る。遊女の衣装を仕立てる際には別途にかなりの謝礼も受け取るため、実入りはよかった。

内芸者

芸者は吉原のなかの見番《けんばん》に登録しておいて、そのつど妓楼の宴席に呼び出される者もいるが、妓楼に住み込みの芸者もいた。前者を見番の芸者、後者を内芸者《うちげいしゃ》という。見番は、芸者の取次所である。

妓楼のなかには、数人の内芸者を抱えているところもあった。

芸者は客と遊女の宴席に出て、座を盛りあげるのが役割である。吉原ではあくまで遊女が主役であり、芸者は添え物に過ぎない。階級としては、遊女のほうが芸者よりも上だった。

戯作『仮名文章娘節用《かなまじりむすめせつよう》』（天保《てんぽう》二年）に、芸者《げいしゃ》が、

「わたくしはまた、座敷ばかりの、はかない歌妓《げいしゃ》の身の上ゆえ、たとえどのような釈《わけ》あっても、弾妓《げいしゃ》は抱《かか》えの女郎衆《しゅ》には、勝《か》たれぬが廓《くるわ》のならわし……」

と嘆く場面がある。

芸者はつねに遊女を立て、出しゃばった真似をしてはならなかった。客と深い仲になるなど、もってのほかである。

吉原の外の町芸者は転《ころ》ぶ、つまり客と寝るのは珍しくなかった。とくに深川《ふかがわ》では芸者が客に転ぶのは常識だったが、吉原では芸者が客と性的関係を持つのは固く禁じられていた。

芸者は必ずふたり以上で宴席に出ることになっていた。客と深い仲にならないよう、相互監視させるためである。

下男下女

料理番の下働きや配膳、掃除や洗濯、水汲みなどに従事する多数の下男下女《げなんげじょ》がいたが、その実態については不明である。

◆妓楼の基本構造

二階は遊女の場

妓楼は大見世、中見世、小見世とも二階建てである。大見世にいたっては、間口《まぐち》十三間《けん》（約二十四メートル）、奥行二十二間（約四十メートル）もある壮麗《そうれい》な建物だった。

中庭を取り囲むように建てられ、庭には石灯籠《いしどうろう》を配し、木々も植えられている。建物の造りは豪壮で、随所に贅《ぜい》を尽《つ》くしていた。表通りに面した部分には、太い紅《べん》殻格子《がらごうし》がもうけられている。

遊女の部屋や宴会の座敷などはすべて二階にあり、登楼《とうろう》した客はまず階段をのぼって二階にあがる仕組みになっていた。

一階は奉公人の場

一階は楼主、下級遊女や禿、各種奉公人の生活の場であるが、ほとんど仕切りはない。台所で煮炊《にた》きをする匂《にお》いや湯気が充満していたし、立ち働いている奉公人の動きまで丸見えだった。

登楼する客は入口をはいった途端、妓楼の舞台裏の一端を目にすることになる。

入口からの光景

左頁上の図で、通りに面した格子の内側の部屋が張見世《はりみせ》である。客は通りに立ち、格子越しに遊女をながめ、相方をきめた。

左頁下の図で、入口の暖簾《のれん》をくぐった途端、台所の様子が目にはいることがわかる。畳敷きの広間も丸見えである。もちろん、奥行があるため、一階のすべてが見通せるわけではない。

現代の感覚では、商売の内容にしてはあまりに造りが開放的な気がするが、当時は電気がなかったことがある。妓楼は大きいため、仕切りをすると昼間でも内部は真っ暗になってしまう。そこで、できるだけ外光を取り入れるため、仕切りをなくしたのである。

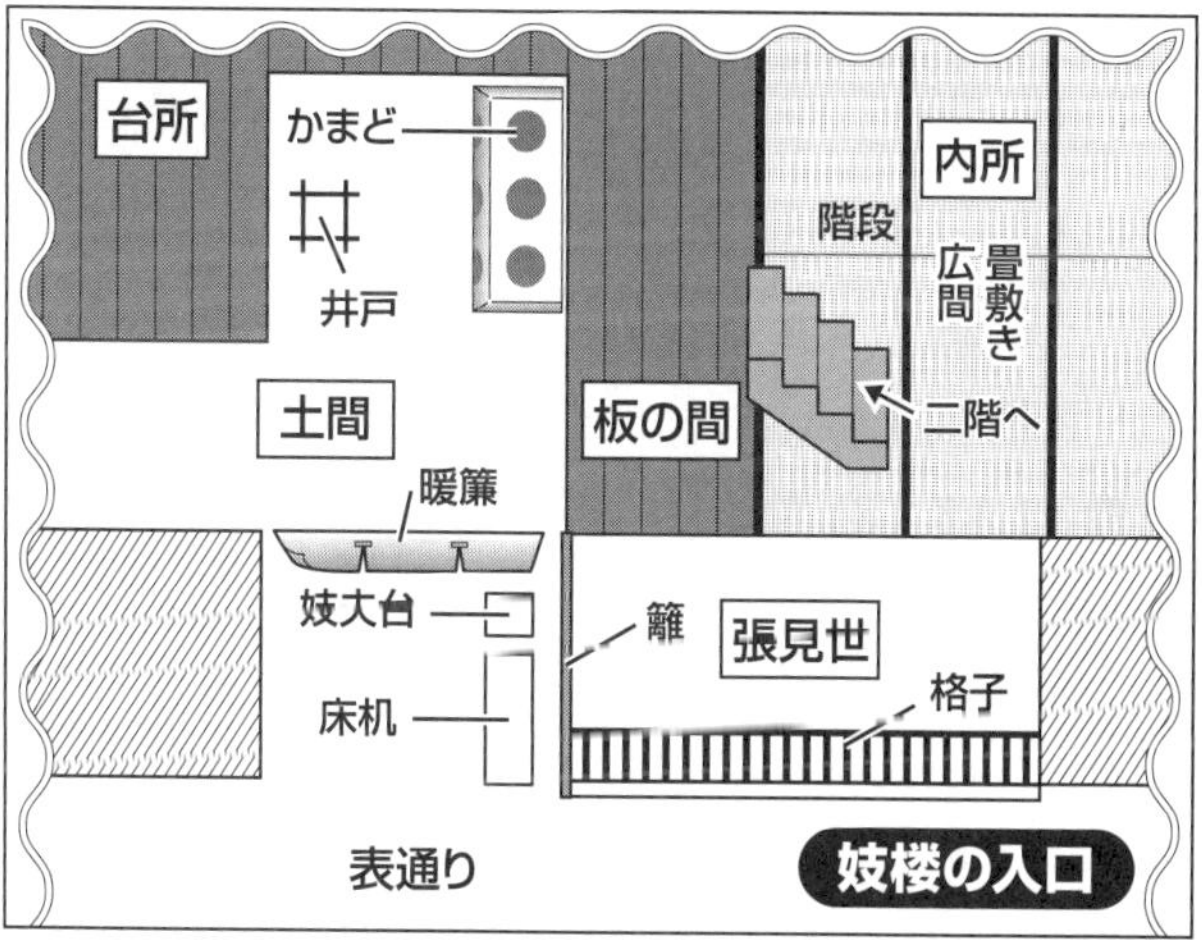
台所
かまど
井戸
土間
暖簾
妓夫台
床机
板の間
階段
内所
広間
畳敷き
二階へ
籬
張見世
格子
表通り
妓楼の入口

◆張見世と籬、入口

張見世と格子

表通りから妓楼を見ると、まず目につくのが張見世《はりみせ》である。格子《こうし》の内側に遊女がずらりと居並んでいて、客は格子越しにながめ、品定めをする仕組みになっていた。

張見世に遊女が出ている時間帯には、格子の前の通りにはつねに男たちが群がり、なかをのぞきこんだり、連れと遊女の品評をしたりしていた。

遊女から格子越しに煙管《きせる》を渡されることもあった。いわゆる吸いつけ煙草《たばこ》である。男は一服して、遊女に煙管を返す。

入口と籬三種

入口は通りからやや奥まっていて、通路に床机《しょうぎ》と、見世番の若い者がすわる妓夫台《ぎゆうだい》が置かれている。

入口と張見世の境界にもうけられている格子が籬《まがき》である。この籬と張見世の格子は混同されることが多い。

左の図のように籬には三種あり、その形を見れば妓楼の格がわかった。
①惣籬《そうまがき》は全面が朱塗りの格子になっているもので、大見世。
②半籬《はんまがき》は、四分の一くらいがあいていて、中見世。
③惣半籬《そうはんまがき》は下半分にだけ格子が組まれているもので、小見世。
八一頁上の図は籬が半籬なので、中見世とわかる。こうして籬の形から妓楼の格を知ることで、客は揚代の見当をつけることができた。

①惣籬（大見世）
②半籬（中見世）
③惣半籬（小見世）

◆妓楼の一階

土間

入口の通路を進み、暖簾をくぐると、広い土間《どま》になっている。土間の一画には井戸《いど》があった。

七五頁の絵に描かれているように、魚屋や八百屋《やおや》などの行商人《ぎょうしょうにん》はこの土間まではいってきて、荷《に》をおろす。

土間に履物《はきもの》を脱いであがると、板敷きになっている。続いて畳敷きの広間になっていて、この広間で下級遊女や禿は細長い飯台《はんだい》に向かって食事をした。

階段

畳敷きの広間からすぐに二階へ通じる階段がもうけられていた。吉原の妓楼の階段は裏向きにつけられている（八一頁下の図、八七頁の絵参照）。楼主のいる内所から客ののぼり降りを見やすくするためと思われる。

階段の幅は広かった。客のほか、料理や酒を持った奉公人がひっきりなしにのぼり降りするため、すれ違っても支障がないようにするためである。

階段下のすきまには米俵を積んでおくことが多い。

内所（内証）

楼主夫婦の居場所を内所《ないしょ》や内証《ないしょう》といった。さまざまな訪問客とも内所で応対する。遊女や奉公人を呼びつけ、指示をしたり、叱りつけたりすることもあった。

内所からは入口、台所、広間、階段をのぼり降りする人間まですべて見渡すことができる。囲炉裏《いろり》や長火鉢《ながひばち》の前にすわって、楼主と女房はすべてに目を光らせていた。

背後の押入れの上部には縁起棚《えんぎだな》があり、男根の形をした金精神《こんせいじん》が祀《まつ》られている。そばには、合図の鈴がさげられていた。

そのほか、かたわらには遊女が客を取った数を記録する看板板《かんばんいた》や、大福帳《だいふくちょう》などがつるされていた。

刀掛《かたなかけ》には、武士の客からあずかった両刀を掛けた。六五頁の絵で、楼主夫婦の背後に刀掛があるのがわかる。

台所

大人数の食事を用意し、客用の料理を作るだけに、台所《だいどころ》は忙しかった。戯作『錦之裏《にしきのうら》』（寛政三年）に、九ツ（正午ころ）過ぎの台所の光景がある——。

さて、台所の景色は、料理番の仕込みのさいちゅう、かまぼこを叩く音、井戸の車のまわる音、どんぶりの割れた音、米を搗《つ》く音かしましく……煎酒《いりざけ》の匂い、鼻をつらぬき、湯気は霧の深きがごとし。

描かれているのは大見世である。

時代がくだるにつれて仕出し料理屋が発展し、食べ物を売る行商人もふえたため、妓楼の台所は奉公人向けのまかないが中心になっていった。

左頁の絵は、年の瀬の餅つきでにぎわう台所と板の間である。吉田屋の暖簾がかかっているところが入口。入口をはいるとすぐに土間と台所で、二階にあがる階段が入口とは後ろ向きなのがわかる。

行灯部屋ほか

便所と内風呂、下級遊女や禿の雑魚寝《ざこね》部屋、奉公人の雑魚寝部屋、お針部屋、昼間行灯《あんどん》を収納しておく行灯部屋、それに楼主一家の居間などは、すべて一階の奥まった

『冬編笠由縁月影』（文化十三年／国会図書館蔵）

場所にあった。

日当りも風通しも悪い場所にある行灯部屋は、病気になった遊女を寝かせておくこともあるし、金を払えない客を監禁しておくこともあった。さらには、遊女の個人的な色事の場として用いられることもあった。

もっとも陽のあたらない場所の行灯部屋で、男女の悲喜こもごもが演じられていた。

なお、二階には遊女用の便所はなかったので、用便のたびに一階までおりてこなければならなかった。春画に描かれた便所の様子によると、遊女は用を足すとき、専用の下駄《げた》をはいている。

◆妓楼の二階

階段をのぼると、左頁の絵のように廊下が三方、四方に通じている。

二階には多数の部屋があるが、引付座敷《ひきつけざしき》、宴会用の座敷、遣手部屋などをのぞけば、あとのほとんどは遊女用だった。

戯作『取組手鑑《とりくみてかがみ》』（寛政五年）には、奥座敷から階段口の遣手の部屋まで、奥行が二十間《けん》（約三十六メートル）余りとあり、大見世の広壮さがわかる。

遣手部屋

階段をのぼりきってすぐのところに遣手の部屋があった。階段をのぼってくる客の品定めや、遊女の動きを監視するためである。

遣手はここで寝起きも食事もしたため、生活用具一式がそろっていた。

引付座敷

遣手の部屋の隣にあり、初会《しょかい》の客はまずここで遊女と対面し、盃《さかずき》を取り交わした。遣手や若い者も同席する（一六六頁参照）。

『センリキヤウ』（歌川国虎／文政七年／国際日本文化研究センター蔵）

二十畳ほどの広さがあったので、大人数で連れ立って登楼《とうろう》した初会の客でも対応できた。

遊女の部屋

昼三《ちゅうさん》と座敷持《ざしきもち》は平生起居する個室と客を迎える座敷をあたえられていたし、部《へ》屋持《やもち》は個室をあたえられていて、そこに客も迎えた。

戯作『春告鳥《はるつげどり》』（天保七～八年）に全盛の花魁の部屋が描かれているが、それによると居室は床《とこ》の間《ま》付きの十二畳である。

隣に八畳の座敷があり、そこに箪笥《たんす》、長持《ながもち》、鏡台、寝具などが置かれている。十二畳と八畳のふた部屋を占有していた。

廻し部屋（廻し座敷）

遊女の個室がふさがっているとき、客を寝かせる部屋である。込み合っているときは、割床《わりどこ》（相部屋《あいべや》）になることもあった。

表座敷

芸者や幇間《ほうかん》を呼び、宴会をおこなう座敷である。

表通りに面していたため、派手なドンチャン騒ぎをしていると、通りを歩く人々には手に取るようにわかった。

廊下と出格子

天井のあちこちに、照明器具の八間《はちけん》がつるされている。この八間の明りがあるため、夜でも手燭《てしょく》などを持たずに廊下を行き来することができた。

中庭に面した廊下には出格子《でごうし》がもうけられていた。ここは棚として利用され、水差しやお歯黒《はぐろ》をつけるときの半挿《はんぞう》、提灯《ちょうちん》、裏合わせにした履物《はきもの》などが置かれていた。左頁の絵でも、出格子にいろんな物が置かれているのがわかる。

妓楼にやって来た引手茶屋の女将や若い者、芸者や幇間などは自分の履物を持って二階にあがり、出格子のところに置いた。

『昔唄花街始』（式亭三馬／国立国会図書館蔵）

客用の小便所

当時の木造建築では二階に便所をもうけるのはむずかしかったが、吉原の妓楼には二階に客用の小便所が設置されていた。遊女用の便所は階下にある。

「二階で小便をしてきた」と言えば吉原で遊んだことになり、男たちの他愛ない見栄になっていた。

戸も囲いもない開放的な構造で、専用の下駄《げた》をはいて用を足す。友だち同士で登楼したときなど、いわゆる連れ小便をしながら、おたがいの首尾をたしかめあう場所でもあった。

九三頁の図は二階の小便所で、左の棚の上に手洗い用の水が置かれている。

◆河岸見世

羅生門河岸と西河岸は別世界

大門《おおもん》から見て左側と右側のお歯黒どぶ沿いを、それぞれ羅生門河岸《らしようもんがし》、西河岸《にしがし》といった。この羅生門河岸と西河岸には、河岸見世《かしみせ》と呼ばれる安価な妓楼がひしめいていた。

河岸見世の遊女は表通りの妓楼ではもはや通用しなくなり、鞍替《くらが》えや年季明けにともなって流れてきた者がほとんどだった。そのため、年齢も三十歳を超えているのが一般で、病気持ちも多い。

羅生門河岸と西河岸の一帯には、まさに掃き溜め、吹き溜まりと形容するのがふさわしいほどの退嬰感《たいえいかん》と猥雑さがただよっていた。とても同じ吉原とは思えないほどの別世界だった。とくに、羅生門河岸は強引な客引きで有名だった。若い者が通行人の腕を取り、強引に見世に引っ張り込む。河岸見世には、小見世と局見世《つぼねみせ》があった。

小見世

建物は二階建てで、一階にはいちおう張見世もあるが、表通りの小見世にくらべると規模は小さい。間口は四間（約七メートル）ほどだった。揚代は、最高でも二朱で

ある。遊女に個室はあたえられておらず、すべて共用の部屋を使った。

戯作『志《し》羅《ら》川《かわ》夜《よ》船《ふね》』（天明九年）に、西河岸の小見世が描かれている――。

三人連れの男が案内されて二階にあがるが、廊下も狭く、どことなく窮屈だった。

「まあ、ちょっとここにお出《いで》なすってくださりまし」

と、若い者に通されたのは三畳の座敷である。

男たちは見まわし、悪態をつく。

「豪儀《ごうぎ》にやけ穴のある畳だ。道楽者の布《ぬの》子《こ》を見るやうだ」

畳のあちこちに煙草の火の焼け焦げがあるという粗末さだった。

若い者に雑煮と蕎麦《そば》の出前を頼み、食

事をしたあと、いよいよ遊女と床入《とこいり》となる。男たちは小便所で、ささやき合う。

「モシ、おめえの女郎の首は、離せそうだね」

「悪い色の女郎だ。なんでも病《やまい》があるよ」

相方の遊女は痩せて、顔色も悪かったのであろう。河岸見世にはこういう不健康な遊女が多かった。

局見世《つぼねみせ》（切見世）

局見世は、切見世《きりみせ》ともいった。左頁の図のように、長屋形式の簡便な見世である。吉原でももっとも低級な場所だった。

揚代は一ト《ひ》切《きり》（ちょんの間《ま》、約十分）で百文だが、あまりに時間が短すぎるため、延長して規定の二、三倍の額を払うのが一般的だった。

細く曲がりくねった路地の両側に長屋が並んでいる。

路地には溝が掘られていて、上にどぶ板が敷かれている。

長屋の各部屋の表間口は四尺五寸（約一・四メートル）で、二尺（約六十センチ）幅の入口をはいると土間になっていた。土間をあがると、鏡台や諸道具を置く場所のほかは、畳二畳の広さしかない。ここで局見世の遊女は生活し、客を取った。

客がいないとき、布団《ふとん》はたたみ、入口の戸はあけ放しておく。なかから遊女がすわ

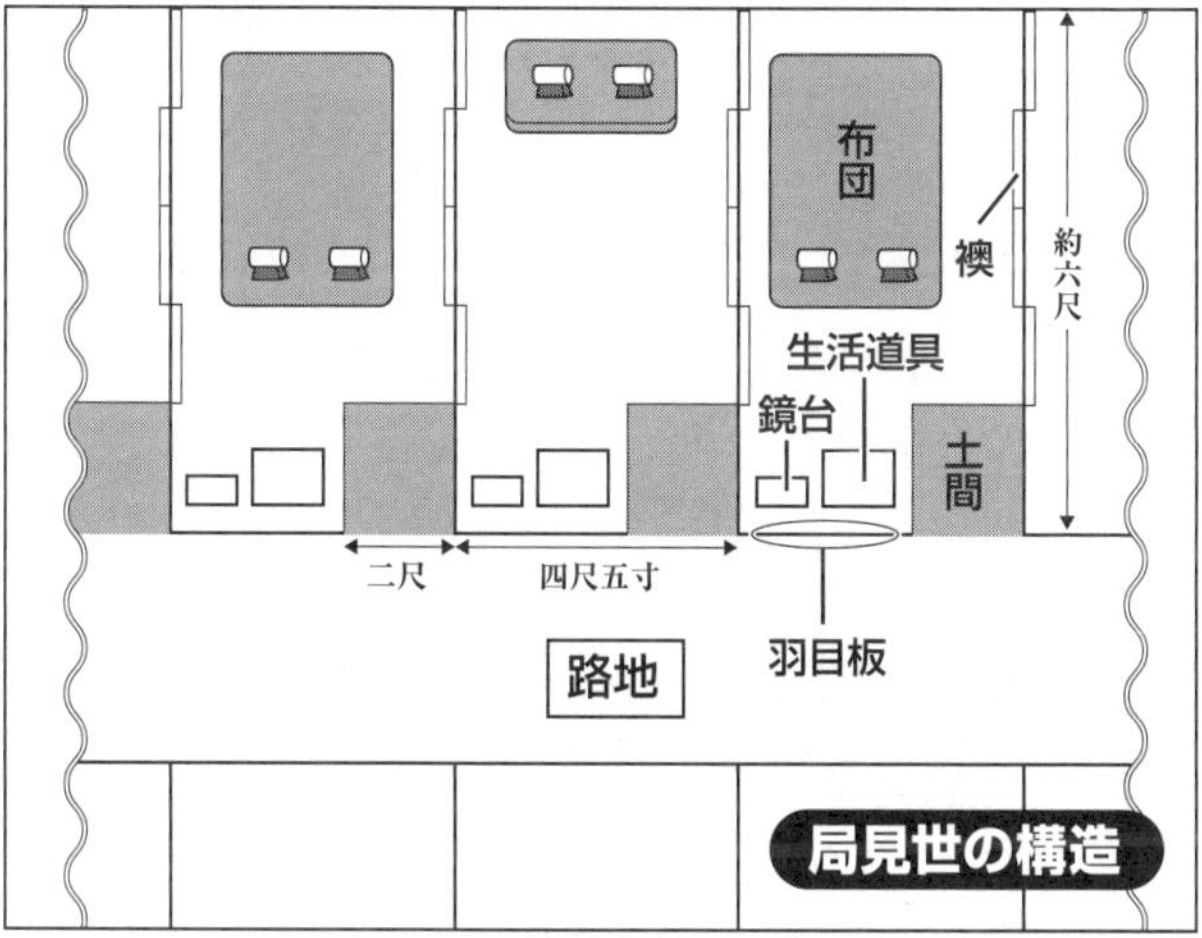

ったまま、あるいは入口の土間に立って、

「お屋敷さん、ちょっと、ちょっと」

などと声をかけ、路地を歩く男をさそった。お屋敷さんは武士のこと。客がなかにはいると、入口の戸はしめた。

一ト切の客は布団（敷布団）だけである。泊まりの客の場合は、棚から夜着《よぎ》をおろし、上からかけた。

路地は狭いため、多くの男たちで混雑して人の流れがとどこおることがある。そんなとき、鉄棒を持った路地番の男が、

「さあ、まわろ、まわろ、まわろ」

と言って、冷やかし客を追い立てた。

局見世は羅生門河岸と西河岸のほか、伏見町《ふしみちょう》や京町《きょうまち》二丁目にもあった。

次頁の絵は局見世の遊女だが、美人画として描かれているため若くて健康的だ。

『当世美人揃之内』
（歌川国貞／安政二年／都立中央図書館特別文庫室蔵）

第四章　吉原の各種商売、働く人々

◆引手茶屋

引手茶屋《ひきてぢゃや》は大門《おおもん》の外の五十間道《ごじっけんみち》の両側にもあったが、格式が高いのは仲の町《なかのちょう》の店である。

文化《ぶんか》八年の『吉原細見《よしわらさいけん》』によると、大門の外に七軒、仲の町の右側に三十軒、左側に三十五軒の引手茶屋が軒《のき》を連ねていた。

引手茶屋の役割

引手茶屋は吉原における客の遊びの相談役であり、世話役でもあった。

大見世《おおみせ》は、引手茶屋の案内がない客は受け入れない。中見世《ちゅうみせ》や小見世《こみせ》は直接登楼《とうろう》する客も受け入れたが、引手茶屋の案内で登楼する客は上客《じょうきゃく》として歓迎した。

そのため、余計な費用がかかるにもかかわらず、金に余裕がある客は中見世や小見世に登楼する場合でも引手茶屋を通すのをえらんだ。

戯作《げさく》『青楼女庭訓《せいろうおんなていきん》』（文政《ぶんせい》六年）で、引手茶屋の亭主がこう言い放つ。

「はばかりながら、わたくしも仲の町の茶屋でござります。客人も大切、また女郎衆《じょろうし》も大事と申すもの……」

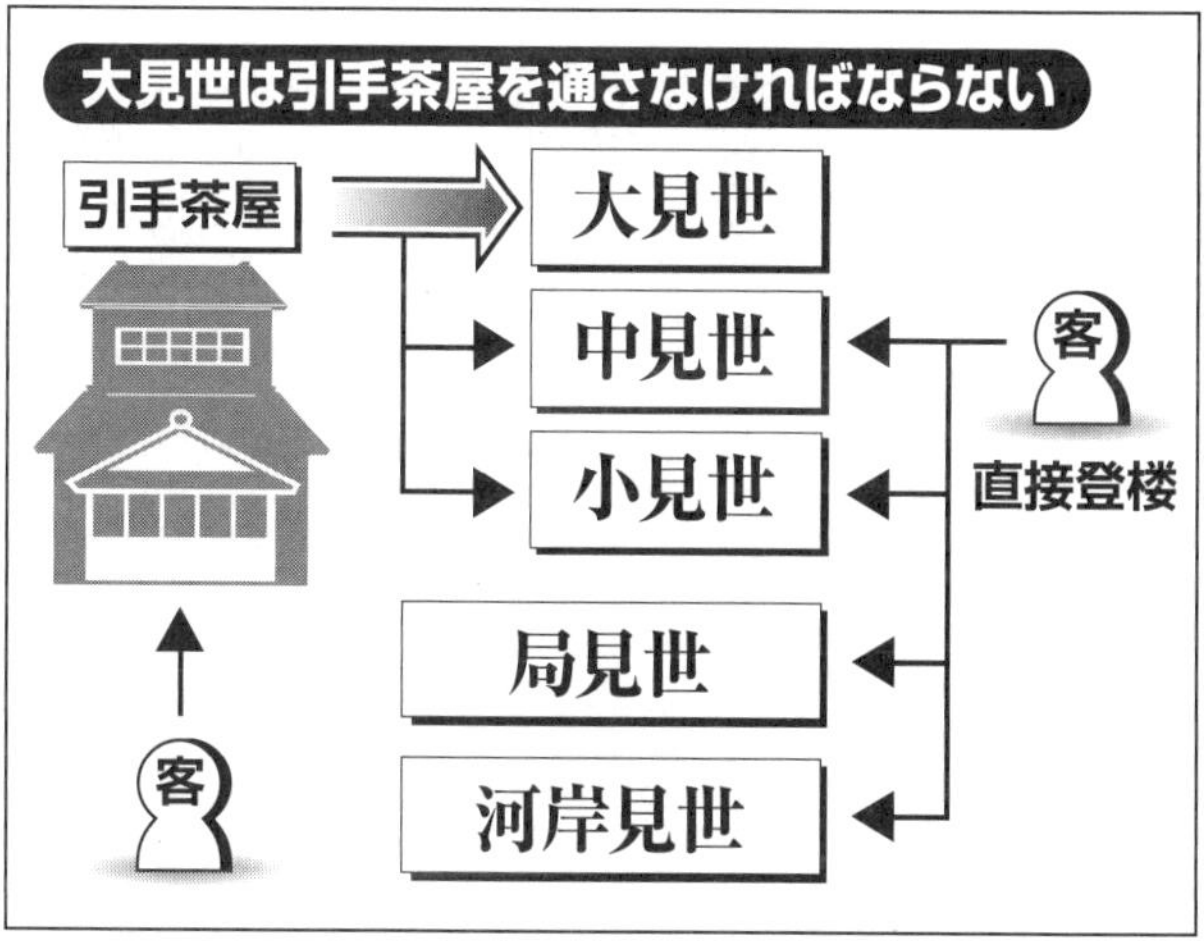

引手茶屋は客と妓楼《ぎろう》のあいだに立ち、妓楼に対する立場も強かった。うっかり引手茶屋の機嫌をそこねると、妓楼は上客を案内してもらえなくなるからである。
遊女は引手茶屋の亭主を「ごつさん」、女房を「おかさん」と呼んだ。それぞれ、ご亭主さん、お嬶《かか》さんの略である。

遊興費の立て替え

引手茶屋を通して遊ぶ場合、遊興費はすべて引手茶屋が立て替えた。あとで、引手茶屋がまとめて客に請求する仕組みだった。

妓楼からすれば、個別に客に請求しなくてもよいので安心感がある。そのため、引手茶屋を通した客を優遇した。客の揚《あげ》代《だい》などは後日、掛廻《かけまわ》りの若い者が仲の町に出向いて、引手茶屋から集金した。

客のほうでも宴席に芸人を呼んだり、仕出《しだ》し料理を頼んだりしても、そのたびにいちいち現金で支払いをしなくてもすむという便利さがあった。いっぽうでは、金銭感覚がなくなり、つい散財してしまいがちだった。

落語や歌舞伎《かぶき》、浄瑠璃《じょうるり》、戯作などに吉原で多額の借金を作ってしまった若旦那《わかだんな》が登場するが、たいていは引手茶屋への未払いである。

凝った造作

妓楼にくらべると規模は小さいが、吉原の目抜き通りである仲の町に面しているだけに、どこも凝《こ》った造りだった。みな、二階建てである。左頁の絵は、引手茶屋の二階座敷で客と遊女が歓談しているところ。左側の扇子《せんす》を持った男は幇間《ほうかん》であろう。夏の日の遊びを描いた戯作『損者三友《そんしゃさんゆう》』（寛政十年）に、仲の町の引手茶屋が登場する――。

二階にのぼる階段のきわに、取りはずしたビイドロ（ガラス）細工の灯籠《とうろう》が置かれていた。二階は、表座敷も奥座敷も風を通すために障子《しょうじ》を取りはずしてある。

奥座敷の床の間には、薄端《うすばた》の花活《はない》けに紫苑《しおん》が生けてあった。中の間には衣桁《いこう》がある。

表座敷の床の間には、冷泉為泰卿《れいぜいためやすきょう》の色紙が掛軸《かけじく》に仕立てられてかかっていた。

『北里十二時』（文化年間／国立国会図書館蔵）

さりげないところに金がかけられていることがわかる。ビイドロ細工の灯籠《とうろう》は、玉菊灯籠《たまぎくどうろう》（三〇四頁参照）のためのものであろう。

◆芸人

幇間

文化八年の『吉原細見』には幇間《ほうかん》が四十二人、芸者が百五十四人、登録されている。

幇間は太鼓持《たいこも》ち、たんに太鼓ともいう。吉原のなかの裏長屋に住み、見番《けんばん》に登録していた。妓楼の宴席にはべって客の機嫌を取り、剽軽《ひょうきん》な小咄《こばなし》をしたり、芸者の三味線《しゃみせん》で喉《のど》を披露したり、踊ったりする。

『古今吉原大全《ここんよしわらたいぜん》』にはこうある――。

一座の興《きょう》をもよおし、客の心を受け、女郎の気をはかり、茶屋船宿にまで心を添えて、座の湿《しめ》らぬように取《とり》はやすをもって、太鼓の名あり。

客や遊女の意向はもちろんのこと、引手茶屋や船宿にも気を配って、宴席の座を盛りあげるのが役目であり、機転と才覚のある人間でなければ務まらなかった。

死ぬ程《ほど》につとめてたいこ壱分《いちぶ》とり
と川柳にあるのは、幇間の料金は金一分だったことを示している。

もちろん、これは表示価格であり、実際には客は別途に祝儀をあたえたであろう。

芸者

妓楼が抱える内芸者《うちげいしゃ》のほか、吉原のなかの裏長屋に住んでいる見番芸者《けんばんげいしゃ》がいた。見番に登録しておいて、妓楼に呼ばれて宴席に出る。見番が仲の町にあったことから、仲の町芸者ともいった。

芸者が妓楼に出向くときの料金は二人一組で、一席が金一分だった。時間を延長す

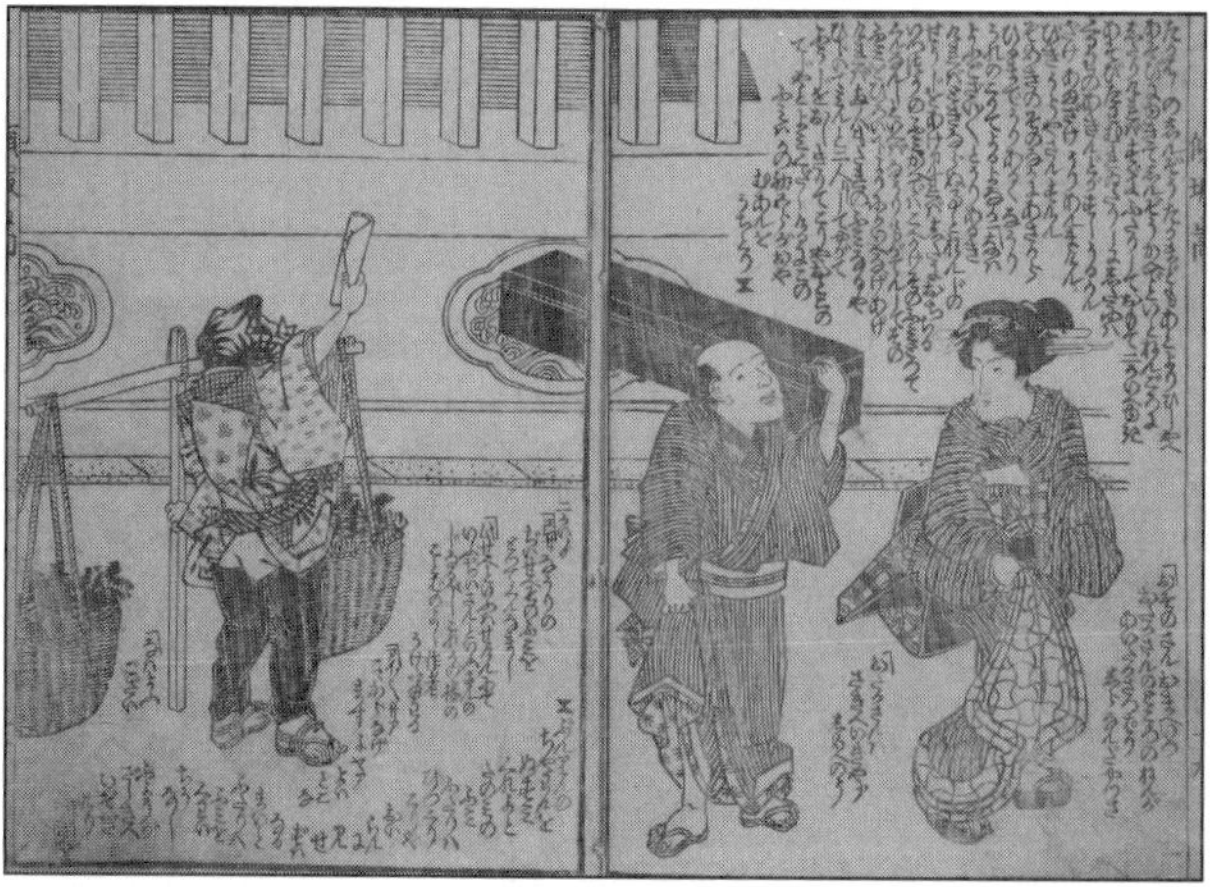

『情競傾城嵩』（文政九年／早稲田大学図書館蔵）

ると、二倍や三倍になる。この延長を「なおす」と言った。

ただし、最初から昼夜を通して雇えば金三分だった。

そのほか、料金とは別に客が祝儀をあたえることも多い。

上の絵には、見番芸者と、三味線《しゃみせん》箱をかついだ見番の若い者が描かれている。

大道芸人

吉原には様々な大道芸人がやってきた。

太神楽《だいかぐら》は太鼓と笛のお囃子《はやし》で獅子舞《ししまい》、曲鞠《きょくまり》、皿廻《さらまわ》しなどを演じる。

狐舞《きつねまい》は大晦日《おおみそか》の夜から新年にかけて妓楼に押しかけてきた。太鼓や笛の音とともに、狐の面をかぶった男が新造《しんぞう》や禿《かむろ》を追いまわす。

吉原ではやった音曲

宴席では潮来節《いたこぶし》などがはやったが、遊女がもっとも心ひかれた音曲《おんぎょく》は新内節《しんないぶし》だった。吉原の遊びを活写した洒落本《しゃれぼん》には、どこやらから新内が聞こえてきたり、遊女が三味線を爪弾《つまび》きながら新内を口ずさんだりなどの場面が多々ある。
新内には苦界《くがい》に生きる女の悲哀や、心中を題材にしたものが多い。
その情緒纏綿《じょうちょてんめん》たる三味線の音色と、
〽春雨《はるさめ》の、眠ればそよと起されて、乱れそめにし浦里《うらざと》は、どうした縁でかのひとに、逢《お》うた初手《しょて》から可愛さが……（『明烏夢泡雪《あけがらすゆめのあわゆき》』）
〽縁でこそあれ末かけて、約束かため身をかため、世帯《しょたい》かためておちついて、アア嬉《うれ》しやと思うたは、ほんに一日あらばこそ……（『蘭蝶《らんちょう》』）
〽朝の帰りもまだ早い、もう一服《いっぷく》とだきしめし、その言《こと》の葉《は》が居続《いつづ》けと、しげりしゅえにお前の身、仇《あだ》となしゆく悲しやな……（『尾上伊太八《おのえいだはち》』）
などの浄瑠璃の哀切な文句に、遊女は身につまされ、涙した。

◆台屋

妓楼に出前

台屋《だいや》は仕出し料理屋のことである。台《だい》の物《もの》を出前することから台屋という。喜《き》の字《じ》屋《や》と呼ぶこともあった。
台の物は亀や鶴、松竹梅などの縁起物を飾りつけた料理で、見た目は豪華だが、味のほうはたいしたことはなかった。だが、値段は金一分であり、遊女の揚代にくらべても格段に高価である。

中にも此《この》松壱歩《いちぶ》に高いもの

という川柳は、松をあしらった台の物の値段が一分もすることにあきれている。だが、天保《てんぽう》の改革でぜいたくがきびしく取り締まられてからは、台の物の値段も二朱《しゅ》に値さがりした。

味《あじわ》へば香臭《こうしゅう》美ならず弐朱《にしゅ》の台

は、二朱に値さがりしてからの川柳である。相変わらず、味のほうはたいしたことはなかったようだ。
なお、台屋には客が宴会用の料理を頼むだけでなく、遊女が食事のときに自分用に出前を頼むこともあった。

頭にのせて運ぶ

台屋の若い者は頭の上に手ぬぐいを置き、料理を満載した蛸足膳《たこあしぜん》や、台の物を頭にのせて妓楼などに運んだ。
左頁の絵に、頭に料理をのせて運ぶ台屋の若い者が描かれている。これから階段をのぼり、宴席に届けるのであろう。

家ごとによべの肴《さかな》のあれこれととりあつめつ、ありくきのじ屋

という狂歌《きょうか》は、喜の字屋（台屋）の若い者が昨夜妓楼に出前した料理の膳を回収してまわる、五《いつ》ツ（午前八時ころ）過ぎの吉原の光景を詠《よ》んでいる。

◆湯屋（銭湯）

わざわざ湯屋へ

妓楼には内風呂《うちぶろ》があったが、狭いのを嫌い、気分転換のためもあって、遊女はしば

『当世十二時之内 未之刻』（部分）
（歌川芳虎／都立中央図書館特別文庫室蔵）

しば吉原のなかにある湯屋《ゆや》を利用した。湯屋に行くときは、禿《かむろ》が浴衣《ゆかた》や糠袋《ぬかぶくろ》などを持って供をする。

居続《いつづ》けの客も内湯《うちゆ》を利用することはできるが、気分転換に湯屋に行くことが多い。なかには、散歩がてら大門《おおもん》を出て、山谷《さんや》あたりの湯屋にまで足をのばす者もいた。

戯作『損者三友《そんしゃさんゆう》』（寛政十年）に、引手茶屋の女将《おかみ》が若い者に客を湯屋に案内させるに際して、こう言う――。

「ちと遠くても揚屋町《あげやまち》のかたがきれいだから、揚屋町へおつれ申しや。伏見町《ふしみちょう》はいっこう濁《にご》りますとサ」

寛政のころ、揚屋町と伏見町に湯屋があり、伏見町の湯屋は湯が濁っているが、揚屋町の湯屋は湯がきれいという評判のあったことがわかる。

なお、戯作『遊僊窟烟之花《ゆうせんくつけむりのはな》』（享和《きょうわ》二年）に、「あげや町の湯屋はかかり湯四ツ時より」とあり、揚屋町の湯屋は四ツ（午前十時ころ）に営業を始めたようだ。

江戸市中の湯屋は明《あけ》六ツ（夜明け）から夜五ツ（午後八時ころ）までの営業だった。そのため、夜明けを待ちかねたように客がやって来る。吉原の湯屋は遊女の生活時間に合わせていた。

局見世や河岸見世の遊女

表通りの妓楼とは違って、局見世《つぼねみせ》や河岸見世《かしみせ》には内湯がないため、遊女はみな湯屋に行かねばならなかった。

戯作『三日月阿専《みかづきおせん》』（文政八年）に、局見世の遊女が朋輩《ほうばい》をさそって湯屋に行く情景が描かれている――。
三十五、六歳の遊女はどてらを着て、肩に手ぬぐいをかけ、声をかける。
「お吉《きっ》さん、お吉さん、まだか、まだか、湯へ行かねえか、行かねえか。もう、いつもの金時《きんとき》屋《や》さんが来てしまったから、四《よ》つ過ぎたと見える。さあさあ、一緒に歩《あい》びなせえ」

「オヤ、お清《せい》さんに、お辰《たつ》さん、素敵《すてき》と朝起きだの。俺《おいら》は今朝《けさ》がたお客を帰して、やっととろとろとやった所だ。小用《ちょうず》にいってもう一寝入《ひとねい》りやらうというところだァな。

まあ、先へ行きな」
「そうか。そんなら俺達《おいらたち》ばかり行こう。しょにんな女だのう。ええ、今朝は滅法《めっぽう》寒い。早く湯へ行って温まろう」
会話からも、局見世の遊女のガラの悪さがわかろう。「しょにん」は当時の流行語で、薄情とか意地が悪いの意味である。

豪華な丁子風呂

戯作『廓宇久為寿《さとうぐいす》』（文政元年）に、西河岸の丁子風呂《ちょうじぶろ》という湯屋が描かれている——。

そもそも、この泉湯《せんとう》は当世流行にして、すべて会席の風流、善尽《つく》し、美尽せり。折鷹極揃《おりたかごくぞろい》の煎茶《せんちゃ》、南京《なんきん》の器《うつわ》に薫《かほ》りを染め、舟橋屋の菓子、楽焼《らくやき》の皿に綺麗《きれい》なり。青竹の灰吹《はいふき》は口切《くちきり》の式を学び、屠竜《とりよう》先生の画《が》は賓客の目を驚かす。のしこんぶの盃事《さかずきごと》は万歳の始めを祝し、青善《やおぜん》の献立、もっともきり目を正しゅうす。莚上《えんじょう》の雅品《がひん》、俗様《ぞくよう》をはなれて、古今別の世界なりけり。

文化から文政にかけて吉原に、湯からあがったあと茶や菓子、料理も楽しめる豪華な湯屋ができ、はやっていた。現在の温泉リゾート施設に近いであろう。

◆妓楼に出入りする商人と職人

髪結

商売柄、遊女は髪型には気を使う。毎日、昼前に女髪結《おんなかみゆい》が妓楼に出向き、遊女の髪を結《ゆ》った。

下級遊女はおたがいに髪を結い合うこともあった。

戯作『錦之裏《にしきのうら》』（寛政三年）に、大見世の昼三《ちゅうさん》が自分の部屋で、女髪結に髪を結わせながら『唐詩選《とうしせん》』を読んでいる光景がある。漢詩を鑑賞するのだから、その教養は高い。

女髪結は遊女の髪を結いながら、

「ぜんてえ、おめえさんにやァ、手絡《てがら》より、忍《しのぶ》がよく似合います」

と、手絡髷《てがらわげ》から忍髷《しのぶわげ》に髪型を変えるよう勧める。

寛政のころの髪型の流行がわかる。

七五頁の絵で、一階の入口の床机《しょうぎ》に禿を座らせ、男の髪結が髪を結っている。このように、禿の髪は男の髪結が結った。

小間物屋

紅《べに》・白粉《おしろい》や髪飾りをあつかう商売である。荷をかついで妓楼を訪問し、遊女に品物を見せ、売り込んだ。

戯作『錦之裏』には、遊女が小間物屋《こまものや》を見かけ、

「もしえ、この櫛《くし》をついできておくんなんしな。どうぞ早くおたのん申しィすよ」

と、折れた櫛の修理を頼む様子が描かれている。

「かしこまりました」

と、小間物屋は愛想よく引き受ける。こうした日ごろの親切が、いずれ高額な買物に結びつく。

呉服屋

呉服屋《ごふくや》にとって吉原の遊女と、江戸城や大名屋敷の奥女中は最大の得意先である。妓楼に反物《たんもの》を持参して、売込みをはかった。遊女にとっても、呉服屋が持参する反物をながめるのは楽しみのひとつだった。

一一三頁の絵は、呉服屋が妓楼の一階の部屋で反物をひろげている光景である。呉服屋が来たと知るや、多くの遊女が集まってきた。みな反物を買って着物を新調したいが、そのためには客から多額の祝儀を引き出さねばならない。

易者

遊女は籠《かご》の鳥の身の上だけに、占《うらな》いが好きだった。

占いには易《えき》（八卦《はつけ》）、手相《てそう》、人相《にんそう》などがあるが、遊女はひっくるめて「うら屋さん」と呼んだ。占い屋の略である。

通りを歩いている易者《えきしや》を遊女のほうから呼びとめ、占ってもらった。

格子からその手を取てすじを見る

という川柳は、張見世《はりみせ》の遊女が格子のあいだから手のひらを出し、易者に手相を観《み》てもらっているところである。

文使い

遊女と客の手紙の仲介は船宿や引手茶屋もおこなったが、文使《ふみづか》いは専門業者である。

遊女からあずかった手紙を客に、客の手紙を遊女に届けた。

首に風呂敷包みをまいてかつぎ、

「文使い、大黒屋よろしゅう、叶屋《かのうや》よろしゅう」

などと妓楼に声をかけながら通りを歩いてまわり、手紙を託されるのを待つ。

『冬編笠由縁月影』（文化十三年／国会図書館蔵）

ただし、遊女の手紙を客に届けるときには気を使った。親や女房に知れないようそっと本人に手渡さなければならない。

文遣《つか》ひ道など聞イておびき出し

という川柳は、道をたずねるふりをして相手を呼び寄せるくふうである。機転のきく人間でないとできない商売だった。

按摩

通りを歩きながら、

「あァんま、はァーり」

「あんま、はりの療治」

などと声をあげ、呼ばれるのを待った。

盲人もいたし、目の見える者もいた。

妓楼に呼ばれ、楼主や遊女、客に揉《も》み療

治や鍼《はり》の療治をした。六五頁の絵に、内所《ないしょ》に呼ばれた盲目の按摩《あんま》が描かれている。

貸本屋

吉原の遊女はたいてい読み書きができた。自由に物見遊山《ものみゆさん》や芝居見物にも行けない境遇だけに、読書が最大の気晴らしであり、楽しみだった。

貸本屋《かしほんや》は本を詰めた細長い箱を大風呂敷《おおぶろしき》に包み、自分の頭よりも高く背負って、定期的に妓楼をまわった。貸本屋の男から新刊情報や、人気のある本の話を聞くのも遊女の楽しみだった。

行商人

吉原にはありとあらゆる行商人《ぎょうしょうにん》がやって来て、呼び声をあげながら表通りや裏通りをくまなく歩いた。人口が密集し、金遣いの荒い人間も多いだけに、行商人にとっては効率のよい場所だった。

なかでも、「たまァご、たまごゥ」と声をあげて歩く玉子売りは吉原ならではの光景だった。当時、鶏卵は高価であり、庶民にはおいそれと手が出る食材ではなかったが、精がつくということから、吉原ではよく売れた。

なお、遊女から命じられて禿が行商人を呼び止めるとき、こう声をかけた。

「むこうの人、むこうの人」

これは吉原独特の呼び方だった。

行商の蕎麦屋《そばや》である夜鷹《よたか》蕎麦も場所柄、夜明けまで営業していた。

寿司も人気があり、「鰺《あじ》のすぅ、こはだのすぅ」などと声を張りあげ、寿司売りがまわってきた。

肥汲み

吉原の朝を詠《よ》んだ狂歌に、こうある。

こえとりが禿のとしをとへばまだ九さいというてたつるせんかう

妓楼に肥汲《こえく》みに来た農民が禿に年齢をたずねると、「まだ九歳（臭い）」と答えて、匂い消しの線香を立てた、と。

夜が明けるのを待ちかねたように、近在から肥桶《こえおけ》を天秤棒《てんびんぼう》でかついだ農民が続々と吉原にやって来た。

大見世ともなると百人近くが生活しているし、多くの客も訪れる。毎日のように汲み取らないと、便所はたちまちあふれてしまう。肥汲みの役割は大きかった。

戯作『錦之裏』（寛政三年）に、朝帰りの客を引手茶屋まで送り、妓楼に帰ってきた遊女が階段をのぼりながら、こうつぶやく。

「おや、もう、掃除《そうじ》が来たそうだ。いっそ匂うよ」

掃除とは下《しも》掃除、つまり便所の汲み取りのこと。早朝から汲み取りをしていたことがわかる。

当時、糞尿は大事な下肥《しもごえ》であり、農民や専業の下掃除人が便所の所有者に農産物や金銭を渡して汲み取らせてもらった。戯作『朧月猫《おぼろづきねこ》の草紙《そうし》』（天保十三年）によると、武家屋敷や商家にくらべて、吉原などの遊里《ゆうり》や芝居町から汲み取った糞便のほうが下肥としてのききがよいため、値段も高い。これは、贅沢なものを食べているからであろう、としている。

物乞い

妓楼には虚無僧《こむそう》、托鉢僧《たくはつそう》、願人坊主《がんにんぼうず》のほか、さまざまな物乞《ものご》いがやって来た。入口の暖簾《のれん》のところにたたずみ、喜捨《きしゃ》を求める。

左頁の絵に、そんな光景が描かれているが、喜捨を求める男は土間にまで入りこんでいる。腰につるした笠には「仲《なか》の町《ちょう》森田屋施」と書かれているので、引手茶屋の森田屋が施《ほどこ》してあたえたようだ。

『北里十二時』（文化年間／国会図書館蔵）

戯作『錦之裏』に、暖簾のところで真《しん》言《ごん》を唱《とな》えている天台宗《てんだいしゅう》の僧侶を見て、内所の楼主が、

「あの子や、そこへしんぜろ」

と、一文銭を投げ出す場面がある。

「あの子」とは禿を呼ぶときの言い方で、楼主は禿に一文を渡して、僧侶に喜捨させた。

火《ひ》の番《ばん》

火の番は吉原の町内雇いである。

印半纏《しるしばんてん》、紺《こん》の腹掛《はらがけ》、股引《ももひき》、三尺帯《さんじゃくおび》といういでたちで、片手に台提灯《だいぢょうちん》を持ち、片手に鉄棒《かなぼう》をジャラジャラ鳴らし、

「火の用心さっしゃいましょー、二階をまわらっしゃいましょうー」

と声をかけ、深夜の吉原をまわった。

付馬

不足または不払いの遊興費を受け取るため、家まで客に付いていくのが付馬《つきうま》である。小額だと妓楼の若い者が付馬をするが、高額の場合や、タチの悪そうな客の場合は始末屋《しまつや》に依頼した。始末屋は客に付馬をして金策をさせ、金を受け取ると、何割かを差し引いて妓楼に渡す。浅草田町《あさくさたまち》あたりに住んでいた。

落語『付け馬《うま》』は、したたかな客が、付馬をする若い者をまんまと出し抜く話である。

◆裏茶屋

吉原内の出合茶屋

江戸の男女に密会の場を提供するのが出合茶屋《であいぢゃや》である。現在のラブホテルに相当するであろう。江戸の各地にあったが、とくに不忍池《しのばずのいけ》のほとりに多かった。

吉原にも、裏茶屋《うらぢゃや》と呼ばれる出合茶屋があった。吉原関係者御用達《ごようたし》の密会の場である。遊女は大門から外に出ることができないため、吉原の区画内に裏茶屋が必要だった。

文化八年（一八一一）、揚屋町に四軒、角町《すみちょう》に四軒、京町《きょうまち》二丁目に一軒あり、裏通りでひっそりと営業していた。

裏茶屋を利用したのは、人目をはばかる男女だった。『古今吉原大全』にこうある――。

裏茶屋へ不断入《ふだんはい》りこむ女郎に、油断はならず……おおかたは所の芸者、茶屋、船宿の男、小間物売り、髪結、太神楽《だいかぐら》の類なり。

ここでいう芸者は男芸者、つまり幇間《ほうかん》のことである。

裏茶屋で遊女と忍び逢う男は幇間、引手茶屋や船宿の若い者、小間物屋、髪結、太神楽の芸人など。みな妓楼の関係者のため、客として堂々と登楼するわけにはいかない男たちである。そのため裏茶屋で密会するしかなかった。

瀟洒な造り

戯作『廓《さと》の花笠《はながさ》』（天保七年）では、妓楼の内芸者が客の男と忍び逢う。そこに描かれている裏茶屋の様子は――。

路地の入口に桐屋《きりや》と云《い》う行灯《あんどん》を懸《か》けたるは、これ裏茶屋の目印にて、奥を覗《のぞ》けば門口にも同じ様《さま》なる行灯あり。

紺地《こんじ》に白く桐《きり》の紋を染抜《そめぬき》にしたる半暖簾《はんのれん》を潜《くぐ》れば三和土《たたき》の沓脱《くつぬぎ》に根府川《ねぶがわ》の石を据《す》え、麻《あさ》の葉組《はぐみ》の障子を立て、傍《かたえ》は萩《はぎ》の枝折戸《しおりど》ありて、三畳敷ばかりの庭あり。春日《かすが》の灯籠《とうろう》、唐銅《からかね》の手水鉢《ちょうずばち》、植物《うえもの》は只槇《ただまき》と桐のみ。軒《のき》に掛けたる風鈴《ふうりん》には護仏《ごぶつ》が発《ほっ》句《く》の短冊《たんざく》を付け、手水場《ちょうずば》へ行く入口にはギヤマンの簾《すだれ》をかけたり。すべてこの拵《こしら》えは雅俗《がぞく》を混《こん》じておつりきなり。

「おつりき」とは、乙《おつ》で粋《いき》なこと。便所の入口にギヤマン（ガラス）の簾をつりさげるなど、随所に金をかけていた。一見目立たないようでいながら、小粋《こいき》で瀟洒《しょうしゃ》な造りである。

路地の入口には、目印の掛行灯《かけあんどん》があった。

◆稲荷社

遊女の願掛け
吉原の四隅に稲荷社《いなりしゃ》が祀《まつ》られていたが、もっとも遊女の信仰を集めたのは京町二丁目の隅にある九郎助《くろすけ》稲荷だった。

『春色梅美婦禰』（天保十二年／早稲田大学図書館蔵）

九郎助へ礼参りする二十七

という川柳は、二十七歳でめでたく年季が明け、九郎助稲荷にお礼参りに来た遊女の姿である。無事に吉原を抜け出せるなど、信仰のおかげとしか思えなかったのであろう。

上の絵は、夜がふけてから、女が九郎助稲荷に参詣している光景である。なにか祈願があるのだろうか。黒板塀に三日月《みかづき》長家と記した提灯がさがっているのは局見世である。

縁日でにぎわう

九郎助稲荷では、八月一日から祭礼がおこなわれ、ねり物などが出てにぎわった。また、毎月午《うま》の日は縁日で、左頁の絵に描かれているように境内《けいだい》に小間物屋、植木屋などが屋台店を出し、多くの人出でにぎわう。遊女や禿にとっては、この縁日はなによりの気晴らしだった。

◆吉原の有名店、名物

吉原は江戸の代表的な観光地のひとつでもあったため、有名な商店や名物も多い。

袖の梅
袖《そで》の梅《うめ》は二日酔《ふつかよ》いの丸薬である。妓楼には常備してあり、遊女が客に勧めた。『古今吉原大全』によると、正徳《しょうとく》年間（一七一一～一六）、伏見町に住む天渓《てんけい》という者が初めて作ったという。

巻煎餅
巻いた煎餅《せんべい》で、折詰《おりづめ》にして進物《しんもつ》に用いる。『古今吉原大全』によると、江戸町二丁目角の万屋太郎兵衛《よろずやたろべえ》が初めて製し、その万屋がのちの竹村伊勢《たけむらいせ》になったという。
万屋太郎兵衛が吉原に初めて店を構えたのは元禄《げんろく》の末らしい。その後、竹村伊勢は吉原の代表的な菓子屋として知られた。

『春色梅美婦禰』（天保十三年／国会図書館蔵）

『花街漫録』（文政八年／国会図書館蔵）

前頁の絵にあるように、巻煎餅の折詰には福禄寿《ふくろくじゅ》が描かれていた。

甘露梅

梅の実を紫蘇《しそ》の葉で巻いた砂糖漬けである。

『古今吉原大全』には松屋庄兵衛《まつやしょうべえ》が初めて作ったとあるが、天保《てんぽう》（一八三〇～四四）ころには、引手茶屋が五月になるといっせいに作るようになった。自家製の甘露梅《かんろばい》を客への進物としたのである。

戯作『春色梅美婦禰《しゅんしょくうめみぶね》』（天保十二年）に、引手茶屋に二、三十人もの芸者が集まり、梅を紫蘇巻にする情景が描かれているが、みなてんでにおしゃべりをしながらなので、にぎやかだった。引手茶屋では酒や料理を出して、手伝いの芸者たちをねぎらった。

同書によると、夕方になってようやく終わったが、芸者たちは「各々、指の先を真っ赤に染めなしたるは、爪紅《つまべに》をさしたるよりも潤《うる》わしく」だった。

釣瓶蕎麦

大門《おおもん》の外の五十間道《ごじっけんみち》にあった。大門に向かって右側にあり、釣瓶蕎麦《つるべそば》と呼ばれたが、正式な店名は増田屋である。

最中の月

あんころ餅の一種で、『古今吉原大全』には竹村伊勢《たけむらいせ》が「このごろ、最中《もなか》の月《つき》という菓子をも製し出す」とあり、明和《めいわ》（一七六四～七二）ころに竹村伊勢が売り出したようだ。

山屋の豆腐

山屋《やまや》は揚屋町にあった豆腐屋《とうふや》で、ここの豆腐は「山や豆腐」といって賞翫《しょうがん》された。

『江戸塵拾《えどちりひろい》』（明和《めいわ》ころ）は、

「吉原第一の名物也《なり》。この豆腐は角田川《すみだがわ》の水を以《もっ》て製す。あじわいかろくして、世にならびなし」

と賞賛している。

漢詩に詠まれた名物

『江戸名物詩』（天保七年）に、「竹村最中月」と題する狂詩がある。

色白最中一片月　　色は白し　最中《もなか》　一片の月
巻来煎餅品尤嘉　　巻き来《きた》る煎餅《せんべい》　品《しな》　尤《もっと》も嘉《よ》し
暑寒年玉又時候　　暑寒《しょかん》　年玉《としだま》　又　時候《じこう》

茶屋携行得意家　茶屋は携《たずさ》え行く　得意の家
竹村伊勢の最中の月と巻煎餅を、引手茶屋が季節ごとの進物に使っていたことがわかる。

◆舟と駕籠

船宿
山谷堀《さんやぼり》は隅田川にそそぎ込む掘割《ほりわり》だが、河口に架《か》かる今戸橋《いまどばし》の一帯をさす地名でもあった。吉原の関係者や通人《つうじん》は山谷堀のことを、気取って「堀《ほり》」と言う。

文化八年の『吉原細見』によると、山谷堀には五十一軒の船宿《ふなやど》があった。

左頁の写真は、山谷堀の雪景色である。左岸に船宿が軒を並べ、多数の舟が係留《けいりゅう》されている。幕末から明治にかけてのものと思われるが、江戸時代を通じてほとんど変わらない光景だった。

船宿は屋根舟《やねぶね》や猪牙舟《ちょきぶね》を所有し、主として人間を輸送するのが稼業《かぎょう》だが、山谷堀の船宿はその場所から、吉原遊びの中宿《なかやど》となっていた。中宿とは中継地の意味である。

江戸の各地から舟で山谷堀までやって来たお店者《たなもの》は、いったん船宿にあがり、そこ

浅草山谷堀（日下部金兵衛／長崎大学付属図書館蔵）

で地味な仕着せの着物から、遊び用の粋《いき》な着物に着替えた。そして、意気揚々と吉原に向かった。帰りには船宿でもとの着物に着替え、なにくわぬ顔で店に戻る。僧侶《そうりょ》が墨染《すみぞ》めの衣《ころも》から羽《は》織《おり》姿に変身することもあった。

遊び慣れた者は、船宿に遊び用の衣装をあずけておいたほどである。

また、遊女と客のあいだの手紙の取次ぎをすることもあった。

日が暮れてからは、船宿の女将《おかみ》や若い者が提灯《ちょうちん》をさげ、客を吉原まで送っていくことまでする。その役割は引手茶屋に近い。

二階には小粋な座敷があって飲食ができたし、芸者を呼んで宴席を開くこともできた。男女の密会にも利用されたので、出合茶屋の役割もあった。

このように、船宿はたんなる運送業にとどまらず、男の多様な遊興の場になっていた。もちろん、各種のサービスを受ければ、船賃とは別に祝儀をはずまなければならない。

駕籠かき人足

山谷堀からはすぐに日本堤《にほんづつみ》の土手八丁《どてはっちょう》となる。

舟で山谷堀まできたら、あとは駕籠《かご》で土手八丁を行くのがもっとも楽で早い。

山谷堀の一帯には多くの駕籠かき人足《にんそく》が待機していて、

「駕籠やろう、駕籠やろう」

などと、声をかけた。

料金は交渉次第だが、まけさせたつもりでも、あとで酒手《さかて》をたかられるので、けっきょくは高いものについた。

いっぽう、大門の外には、吉原帰りの客を待つ駕籠がたくさん待機していた。

『幕末百話《ばくまつひゃくわ》』に勤番武士《きんばんぶし》の回想が出ているが、上野山下《うえのやました》の辻駕籠立場《つじかごたてば》から乗り、吉原まで値切って天保銭《てんぽうせん》二枚、つまり二百文だったという。回想によると——。

山下から駕籠に乗り、吉原に向かう途中、人足が酒手をせびったが知らん顔をしていた。すると、三ノ輪《みのわ》のあたりで駕籠を地面におろし、動かない。そこで刀を抜いて人足を追い払い、駕籠を川のなかに投げ込み、吉原の大万に登楼した。ところが、人足の仲間が二、三十人、徒党を組んで押しかけてきた。

「いま、あがった侍を出せ」

けっきょく、あわてふためいて妓楼から逃げ出す羽目になった、という。

◆女衒

判人とも呼ばれる人買い稼業
女衒《ぜげん》は人買い稼業である。判人《はんにん》ともいう。浅草の山谷町や田町あたりに多く住んでいた。

大物になると、数人の子分を使い、農村をまわって貧しい農家の娘を仕入れてきて、妓楼に売りつける。江戸の裏長屋の娘や、零落した商家の娘を妓楼に仲介することもあった。

実際は身売りだが、給金を前金で受け取って年季奉公《ねんきぼうこう》をするという形を取るため、きちんと親と女衒、女衒と妓楼のあいだで証文を取り交わした。

なかには、誘拐した女の子や、男にだまされた女を妓楼に売り飛ばす悪質な者もい

できない稼業である。そういう場合、女衒が親や伯父《おじ》の代わりになって判を押す。冷酷非情でなければ

た。

にこ〳〵もぜげんのするハすごく見へ

という川柳は、親と交渉するとき、女衒が満面に笑《え》みを浮かべている様子を詠《よ》んでいる。しくしく泣いている娘には、こうなだめた。

「毎日、白いおまんまが食え、きれいな着物が着れるんだぜ」

だが、いったん買い取ると、態度は一変する。

ふけいきなほへやがるなとぜげんいひ

という川柳は、女衒が「吠えやがるな」と叱《しか》りつけているところである。吠えるは、泣くの意味。

女衒はたいてい縞《しま》の半合羽《はんがっぱ》を羽織の代わりに着ていた。

『世事見聞録《せじけんぶんろく》』（文化十三年）に、

「勾引《かどわかし》というものありて、群集の場所、または黄昏《たそがれ》の頃、遊び迷い居る子を奪い取り

て、遠方などへ連れ行きてついに売るなり」

とあり、女の子をさらう人さらいもいた。さらった女の子は女衒を通じて、吉原やその他の妓楼に売り飛ばす。

行方不明になり、神隠《かみかく》しにあったと言われた女の子のうち、女衒に連れ去られた者は少なくなかったであろう。

女衒の生態

戯作『家満安楽志《やまあらし》』（文化五年）に、女衒が女の子を妓楼に売り込む場面がある。

顔に皮癬《ひぜん》（皮膚病）のあとのある七、八歳の女の子を従えた女衒は、

「親方、内にか」

と、妓楼の内所にあがりこむ。

どてらを着た楼主は、ちょうど抱え遊女の鞍替《くらが》えの証文を書いていたところだった。

女衒は女房が出した茶をひと口呑んで、娘を楼主に引き合わせる。

「時に、親方、こねえだ咄《はな》しやした奉公人はこれでござりやす。さあ、こっちへあがりな」

また、戯作『契情買虎之巻《けいせいかいとらのまき》』（安永《あんえい》七年）に、女衒が娘を観察して、

「この女中でござりますか。珍しい生まれつきだ。まず、なたまめ、からたちの気づかひもなし、と。そして小まえで、足の大指はそるし、いいぶんなしの玉だ」

と、高い評価をつける場面がある。

「なたまめ」「からたち」の意味するところは不明だが、独特の女の鑑定法があったことがわかる。妓楼にとっては一種の先行投資だけに、稼いでくれる遊女に育つかどうか見極めなければならない。女衒のほうも将来性を強調して、仕入れた女を妓楼に売りこんだ。

◆投込寺

浄閑寺
吉原の遊女は死亡すると菰《こも》に包まれ、投込寺《なげこみでら》と称される三ノ輪《みのわ》の浄土宗浄閑寺《じようどしゆうじようかんじ》に運ばれ、墓地の穴に文字通り投げ込まれて終わりだった。
葬《ほうむ》られた遊女は『浄閑寺過去帳』には、たとえば、
寛政八丙辰歳
五月

浄閑寺山門（平成20年撮影）

相誉好顔信女　十日　俵屋久兵衛売女《ばいじょ》

などと記されるのみで、本名も源氏名も年齢も不明である。それにしても、「売女」という二文字が哀れである。

現在、墓地にある新吉原総霊塔《しんよしわらそうれいとう》は、安政二年（一八五五）の大地震で死亡した吉原の遊女を慰霊するもので、

生れては苦界《くがい》死しては浄閑寺

という、花又花酔《はなまたかすい》の句が刻まれている。
遊女のほか、妓楼の関係者も浄閑寺の墓地に葬られた。

西方寺

浄閑寺ほど有名ではないが、浄土宗の

西方寺《さいほうじ》も投込寺である。主として妓楼の奉公人が葬られた。

日本堤の南端に位置し、開基《かいき》が道哲上人《どうてつしょうにん》であることから、俗に「土手の道哲」と呼ばれた。

境内に三浦屋《みうらや》の名妓《めいぎ》、二代目高尾《たかお》の墓と称せられる石碑があった。

道哲上人についても種々の伝説があり、高尾の恋人だったという説もある。

浄閑寺墓地の新吉原総霊塔（平成20年撮影）

第五章　吉原の遊び方

◆吉原細見

蔦屋重三郎が本に

妓楼《ぎろう》の名称と場所、遊女の名と揚代《あげだい》などを詳細に記した吉原の遊び方のガイドブックが『吉原細見《よしわらさいけん》』である。

細見売《さいけんう》りと呼ばれる男があちこちに立って売り声をあげ、『吉原細見』を売りさばいた。女郎買いをする男はもちろんのこと、ただ見物して歩くだけの者も記念として買い求めることが多かった。

当初は一枚刷りだったが、その後、横本形式となり、安永《あんえい》四年（一七七五）に蔦屋《つたや》重三郎《じゅうざぶろう》によって縦本（縦十五センチ、横十センチ前後）にあらためられ、以後定着した。

版元は諸所にあったが、五十間道《ごじっけんみち》の大門《おおもん》に向かって左側に店を構えていた蔦屋がもっとも有名である。

蔦屋は本屋と同時に出版もおこない、写楽《しゃらく》の役者絵、歌麿《うたまろ》の美人絵、多くの戯作《げさく》を出版したことで知られる。

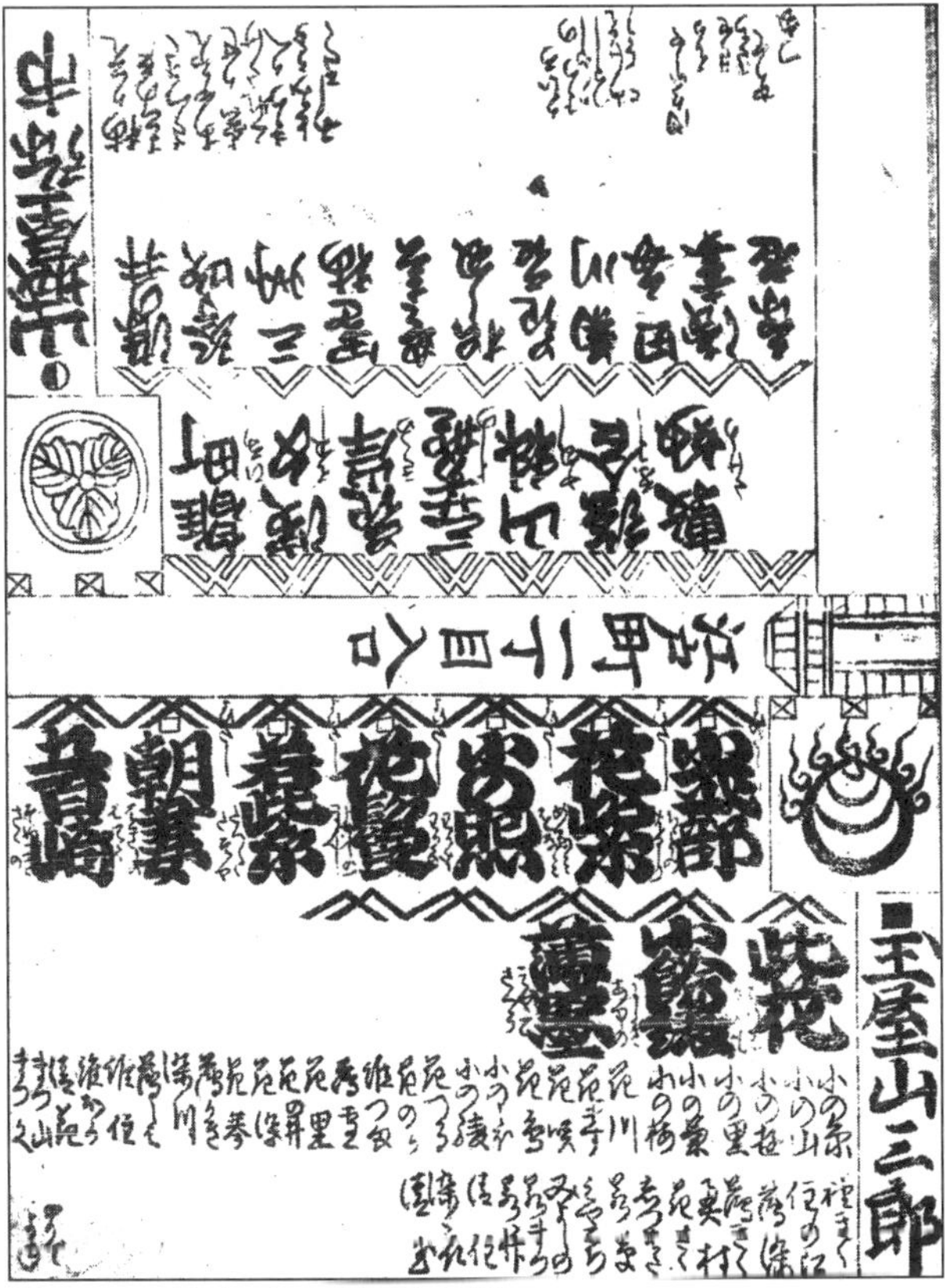

『吉原細見』（文政八年／国会図書館蔵）

妓楼の格と合印

妓楼の格は、家名（楼主《ろうしゅ》の名前）の上についた合印《あいじるし》で判別する。
■　大見世《おおみせ》（惣籬《そうまがき》）
⬆　中見世《ちゅうみせ》（交《まじ》り見世、半籬《はんまがき》）
◑　小見世《こみせ》（惣半籬《そうはんまがき》）
大見世には昼三《ちゅうさん》がいる。
中見世は揚代が二分以上の遊女のほかに、二朱の遊女も置いたので交り見世ともいった。
昼三がいないのが小見世である。
前頁と左頁に『吉原細見』の江戸丁一丁目の部分を示した。前頁の合印から玉屋が大見世、山城屋が小見世とわかる。

遊女の階級と格付け

∧は上級遊女の合印で、山形《やまがた》ともいわれた。

山形の下に星（●）の記号がついて、山形にひとつ星、ふたつ星などと呼ばれ、その下に揚代が記されている。

星のつかない∧は、座敷持《ざしきもち》である。

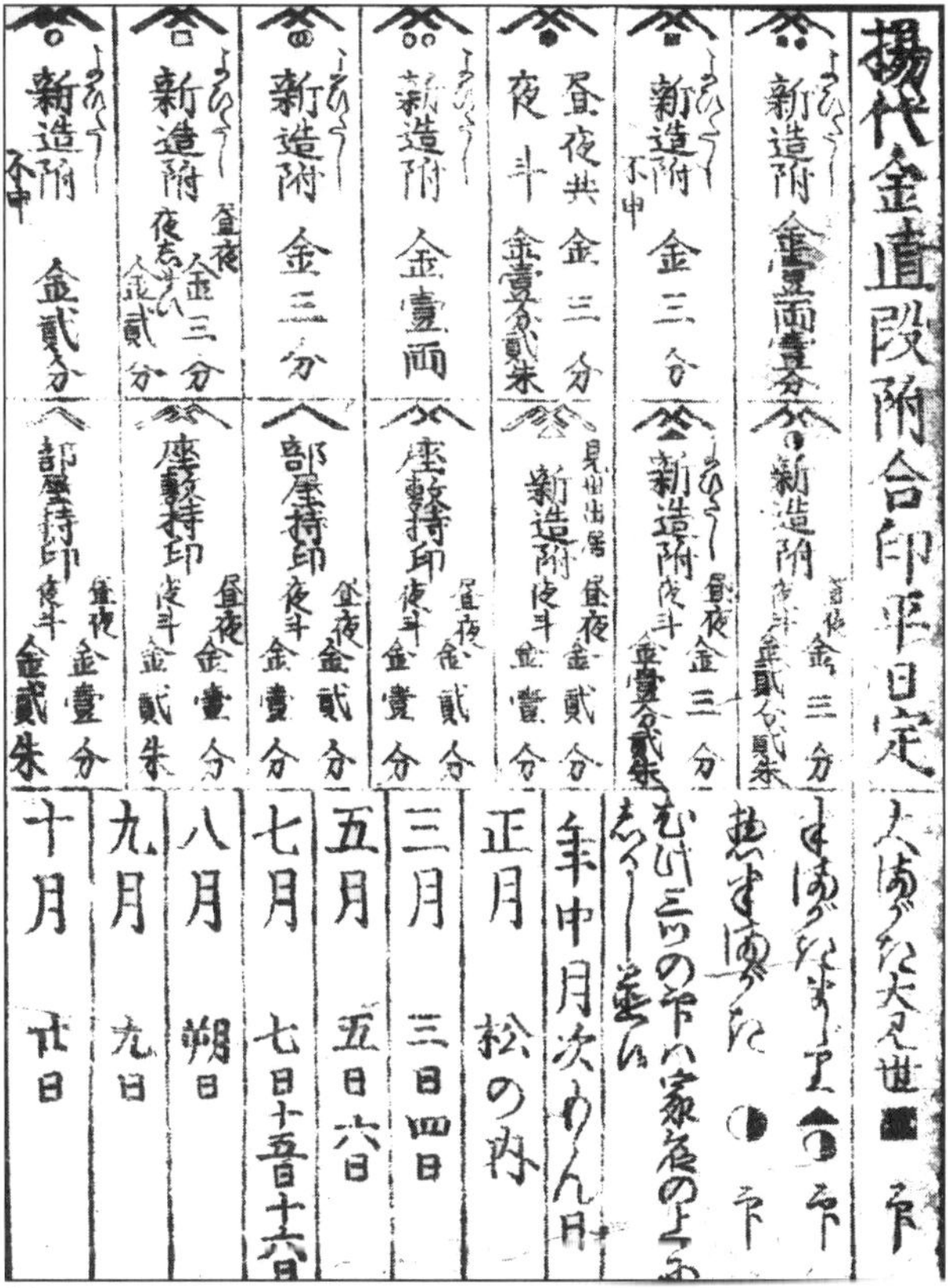
揚代金直段附合印平日定
年中月次もん日
正月　松の内
三月　三日四日
五月　五日六日
七月　七日十五日十六日
八月　朔日
九月　九日
十月　廿日

『吉原細見』（文政八年／国会図書館蔵）
下段の「もん日」は「紋日」のこと（三〇五頁参照）。

へは部屋持《へやもち》。
振袖新造《ふりそでしんぞう》には合印はつかない。

◆吉原への道

吉原への四ルート

吉原に行くにはどこから出発するにしても最後は日本堤《にほんづつみ》に出なければならない。
日本堤にいたる道筋は大別して四つである。

①浅草寺《せんそうじ》横の馬道《うまみち》↓（徒歩、駕籠《かご》）↓日本堤
②浅草寺裏手の田んぼ道↓（徒歩）↓日本堤
③上野山下《うえのやました》、入谷《いりや》方面↓（徒歩、駕籠）↓三ノ輪《みのわ》↓日本堤
④柳橋《やなぎばし》↓（舟）↓山谷堀《さんやぼり》↓（徒歩、駕籠）↓日本堤

①の馬道は、浅草寺の東側沿いに北進し、日本堤に通じる道である。寛文《かんぶん》・延宝《えいほう》（一六六一～八一）のころ、吉原にかよう武士が馬に乗って行き交ったことが由来という。

② は、田んぼのあぜ道伝いに日本堤に出るというもので、近道だが、暗くなってからは物騒だった。
③は、上野の東側を北上して三ノ輪に出るもので、神田《かんだ》方面から徒歩や駕籠で来る場合はこの道が早い。
④は、もっとも金がかかるが、「吉原がよい」として人口に膾炙《かいしゃ》し、多くの文芸作品にも描かれた道筋である。
『守貞謾稿《もりさだまんこう》』によると天保《てんぽう》（一八三〇～四四）のころ、柳橋から山谷堀まで猪牙舟《ちょきぶね》を雇うと、距離はおよそ三十丁《ちょう》（約三キロ）で、船賃は百四十八文だった。急がせた場合には気前よく船頭に祝儀をはずむのではるかに高くつく。

つぎに、途中の光景もふくめて説明を加えよう（一七頁の地図参照）。

舟で吉原へ

柳橋は、神田川が隅田川にそそぎ込む河口のあたりに架かる橋だが、一帯をさす地名でもあった。

水上交通の要衝《ようしょう》であり、船宿が櫛比《しっぴ》している。吉原に行くにも、深川《ふかがわ》の岡場所《おかばしょ》に行くにも、柳橋から猪牙舟や屋根舟《やねぶね》に乗ると便利だった。

一四三頁の図のように、猪牙舟は客はひとり、屋根舟は四～五人まで乗れる。なお、屋根舟と屋形船《やかたぶね》は混同されることが多いが、屋形船は遊山《ゆさん》用の大型船で二、三十人は楽に乗れた。

柳橋の船宿で舟を雇った客は、神田川をくだってすぐに隅田川に入り、あとは川をさかのぼる。

やがて、左手に大きな松の木が見えてくる。幕府の御米蔵《おこめぐら》の川岸に立ち、枝を川の上に張り出していた。「首尾《しゅび》の松《まつ》」と呼ばれ、多くの浮世絵の題材にもなっている。最初の松は安永年間（一七七二～八一）に風で倒れ、その後は何度も植え継がれた。

川の右手、首尾の松のほぼ対岸に肥前平戸新田《ひぜんひらどしんでん》（長崎県平戸《ひらど》市）藩松浦《まつら》家の上《かみ》屋敷がある。屋敷内に椎《しい》の巨木があり、舟からもよく見えたことから、「椎《しい》の木屋敷《きやしき》」と呼ばれた。

戯作『雲井双紙《くもいそうし》』（安永十年）で、男三人が柳橋の船宿で屋根舟を雇い、山谷堀をめざす。隅田川をさかのぼりながら、ひとりが、

「これが首尾の松といって、傾城買《けいせいかい》の目印。向うに見ゆるが椎の木屋敷。名代《なだい》の椎だ」

と、得意げに説明する場面がある。

吉原をめざす男たちにとって、舟からながめる首尾の松と椎の木は有名だった。

さらに川をさかのぼると、右手に神社の鳥居《とりい》の笠木《かさぎ》だけが見えてくる。三囲稲荷社《みめぐりいなりしゃ》

の鳥居である。鳥居は高い土手の向こう側にあるため、舟からながめると、上部の笠木だけしか見えない。このことが名物のようになり、浮世絵《うきよえ》にもしばしば描かれた。

舟はこの鳥居を目印に取舵《とりかじ》（左折）にして、山谷堀に向かう。

桟橋《さんばし》が近くなると、船頭が客に馴染《なじ》みの船宿をたずねた。

「どちらにつけやしょう」

「佐野屋につけてくれ」

船宿をたしかめると、船頭が大きな声で呼びかける。

「佐野屋ぁ～」

その声を聞いて、船宿から若い者や女中が飛び出してきて客を迎える。

「よく、いらっしゃりました」

舟からおりた客は、いったん船宿で茶を飲

んだり、煙草《たばこ》を一服したりしたあと、徒歩か駕籠で日本堤を吉原に向かう、という順序である。

◆昼見世と夜見世

吉原は一日二回の営業で、
昼見世《ひるみせ》 九ツ（正午ころ）～七ツ（午後四時ころ）
夜見世《よみせ》 暮六《くれむ》ツ（日没）～
に分かれていた。もちろん、昼見世から夜見世まで通して遊ぶこともできたが、そのぶん、金もかかった。

昼見世と客層

昼見世の時間帯はさほどにぎわっていない。吉原は閑散としているといってもいいくらいで、客は参勤交代《さんきんこうたい》で江戸に出てきた勤番武士《きんばんぶし》が多かった。

大名屋敷は門限がきびしく、暮六ツ（日没）には表門が閉じられる。勤番武士は事前に届けを出して門限におくれる許可を得ていないかぎり、夜遊びはできなかった。

そのため、勤番武士は非番の日の昼間に吉原にやってきたのである。

『北里十二時』（文化年間／国会図書館蔵）

戯作『曾我糠袋《そがぬかぶくろ》』（天明八年）に、昼見世で遊んだ勤番武士ふたり連れの会話がある――。

「これ、山本氏、貴公の傾城《けいせい》はとんだ美《び》だの。あれは裏を返してやらぬか」

「なあに、そばで見ると大あばただよ。貴公のほうがええよ。御門《ごもん》がおそくなった。六ツ半にはいこうかの」

「なんでも、急ぐがええよ」

六ツ半（午後七時ころ）までに屋敷に戻れば、許されたのであろう。

ともあれ、ふたりとも遊女との情交に大いに満足したようだ。ほほえましい会話である。

上の絵は昼見世の光景だが、勤番武士のふたり連れが張見世《はりみせ》の遊女をながめ、感嘆しきりの様子である。

入口の床机《しょうぎ》に腰掛け、大あくびをしているのは武家屋敷の中間《ちゅうげん》であろう。そばに主人の衣服などを収めた挟箱《はさみばこ》が置かれている。登楼《とうろう》した主人がなかなか出てこないので、供の中間は待ちくたびれているようだ。

夜見世と引け四ツの仕組み

本来、夜見世の営業は暮六ツ（日没）から四ツ（午後十時ころ）までと定められていた。

それではあまりに営業時間が短いため、四ツには時を知らせる拍子木《ひょうしぎ》を打たず、九《ここの》ツ（午前零時ころ）になってから、四ツと九ツの拍子木を続けて打った。これを「引《ひ》け四《よ》ツ」という。一種の誤魔化《ごまか》しである。

こうした引け四ツという仕組みで、妓楼は実際には九ツまで入口の戸をあけ、客を迎え入れた。

引け四ツはいわゆるオーダーストップであり、そのあとは新規の客は入れないが、すでに登楼している客は呑んだり騒いだりを続ける。

八ツ（午前二時ころ）が大引《おおび》けで、営業終了である。宴会なども終わりとなり、客は寝床に案内された。

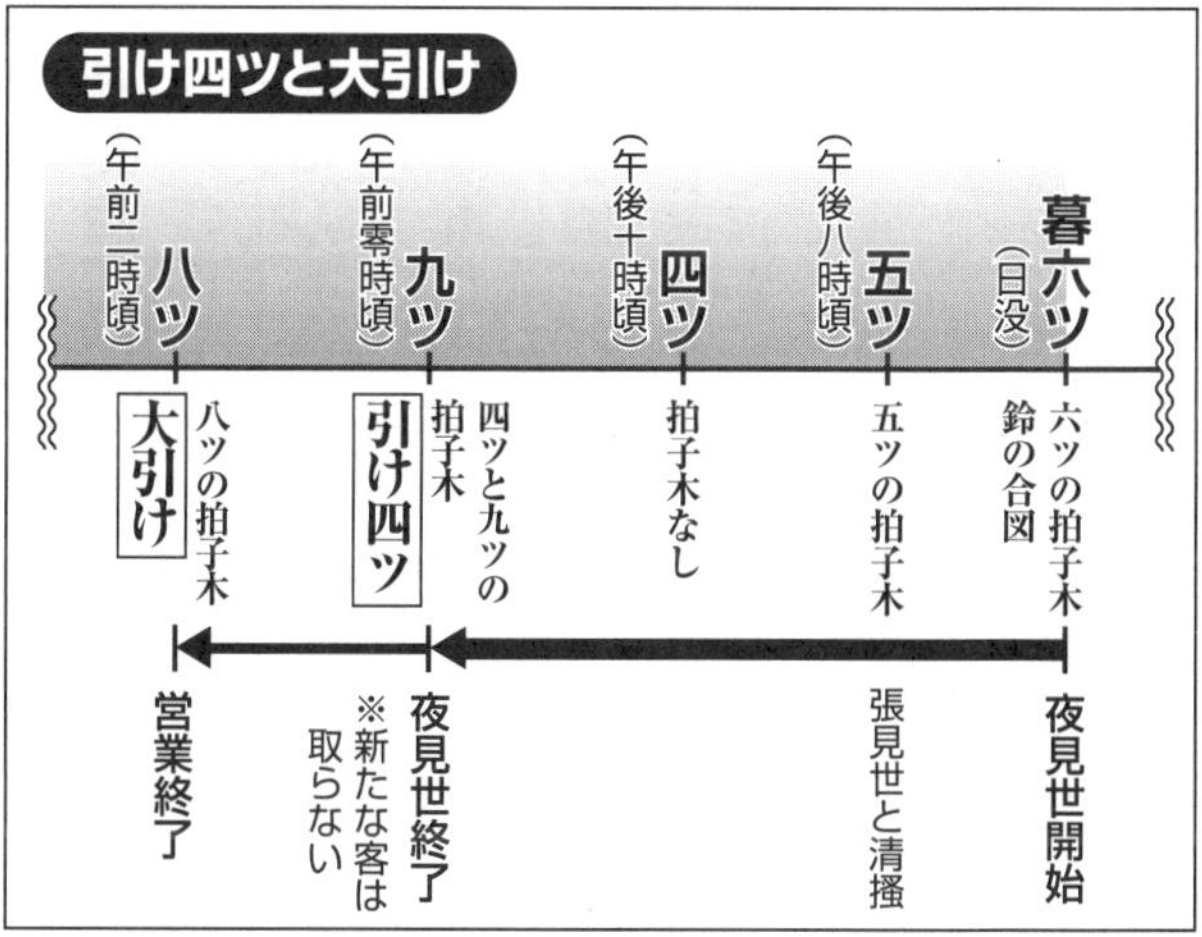

不寝番《ねずのばん》などを除いて、若い者も床《とこ》につく。
ただし、客と遊女は寝床のなかであり、その終業時間は一定していない。房事《ぼうじ》を終えたあと、客と遊女は寝物語に時が過ぎるのを忘れることもある。相手が、遊女が真に惚《ほ》れた男である情男《いろ》の場合はなおさらだった。
複数の客を取っている場合、遊女は好感を持った男を最後にする傾向があった。そうすれば、翌朝まで寝床でいっしょに過ごせるからである。

◆花魁道中

灯《ひ》ともしころから仲《なか》の町《ちょう》でおこなわれる華やかな花魁道中《おいらんどうちゅう》をながめるのは、吉原見物に来た人々にとって最大の楽しみだった。

花魁道中とは

もともと太夫《たゆう》などの上級遊女と遊ぶ場合は、客はいったん揚屋《あげや》にあがり、そこに遊女を呼び寄せる仕組みだった。太夫が妓楼《ぎろう》から揚屋に出向くときは、きらびやかな衣装を身にまとい、多くの供を引き連れ、仲の町を静々と行進した。これが花魁道中の始まりである。

宝暦《ほうれき》期（一七五一〜六四）に揚屋の制度や太夫の位がなくなってからは一種のパレードになり、披露目《ひろめ》、年礼《ねんれい》、新造出《しんぞうだ》し、仲の町の花見などのときにおこなわれた。

花魁道中をするのは、大見世の最高位の呼出し昼三である。花魁道中をして仲の町の引手茶屋《ひきてぢゃや》に着くと、花魁は店先に腰をおろし、いわば顔見せをした。

このとき、花魁を見て気に入った客は、引手茶屋を通して話をつけることもできた。絢爛豪華《けんらんごうか》な花魁道中は浮世絵や錦絵《にしきえ》に描かれている。

花魁道中の様子
定紋《じょうもん》入りの箱提灯《はこぢょうちん》を持った若い者に先導され、ふたりの禿《かむろ》を供にした花魁は高さが五〜六寸《すん》（約十五〜十八センチ）もある黒塗り畳付きの下駄をはき、外八文字《そとはちもんじ》（二二六頁参照）と呼ばれる独特の歩き方でゆるやかに進んだ。
花魁のあとから振袖新造ふたり、番頭新造、遣手、最後尾には、若い者が花魁の全盛を誇示するかのように長柄傘《ながえがさ》を高々とかかげて従った。

◆登楼の仕方

客が妓楼にあがることを登楼《とうろう》という。登楼の仕方にはいくつかあり、一五一頁の図にまとめた。

直きづけ
引手茶屋を通さず、客が直接妓楼に出向いて登楼するのを「直《じ》きづけ」といった。
現代人の感覚でもごく普通の遊び方であろう。直きづけの場合、二通りある。
①初めての場合（初会《しょかい》）

客は張見世《はりみせ》で遊女をながめ、このみの女を見世番の若い者に告げればよい。あとは、

「へい、あの子は△△さんでござります。おあがりなさいませ」

と、若い者がすべて手配してくれる。
②初めてではない場合（馴染《なじ》み）
すでに馴染みの遊女がいる男は、そのまま妓楼にはいっていけばよい。若い者は心得ているため、

「おや、○○さん、いらっしゃりませ。すぐに××さんに声をかけます」

と、馴染みの遊女を手配してくれる。

いっぽう、引手茶屋を通して登楼する場合もある。これがもっともわかりにくいので、以下に手順を述べよう。

引手茶屋を通す方法

これにも二通りあったが、支払いはすべて引手茶屋が立て替えるだけに、初めての客は最初にかなりの金額のはいった財布をあずけておかねばならなかった。
①茶屋の案内で登楼する
客が引手茶屋の二階座敷にあがると、まずは女中が茶と煙草盆《たばこぼん》を出す。続いて、茶屋の亭主か女将が座敷に挨拶に来る。

登楼の仕方

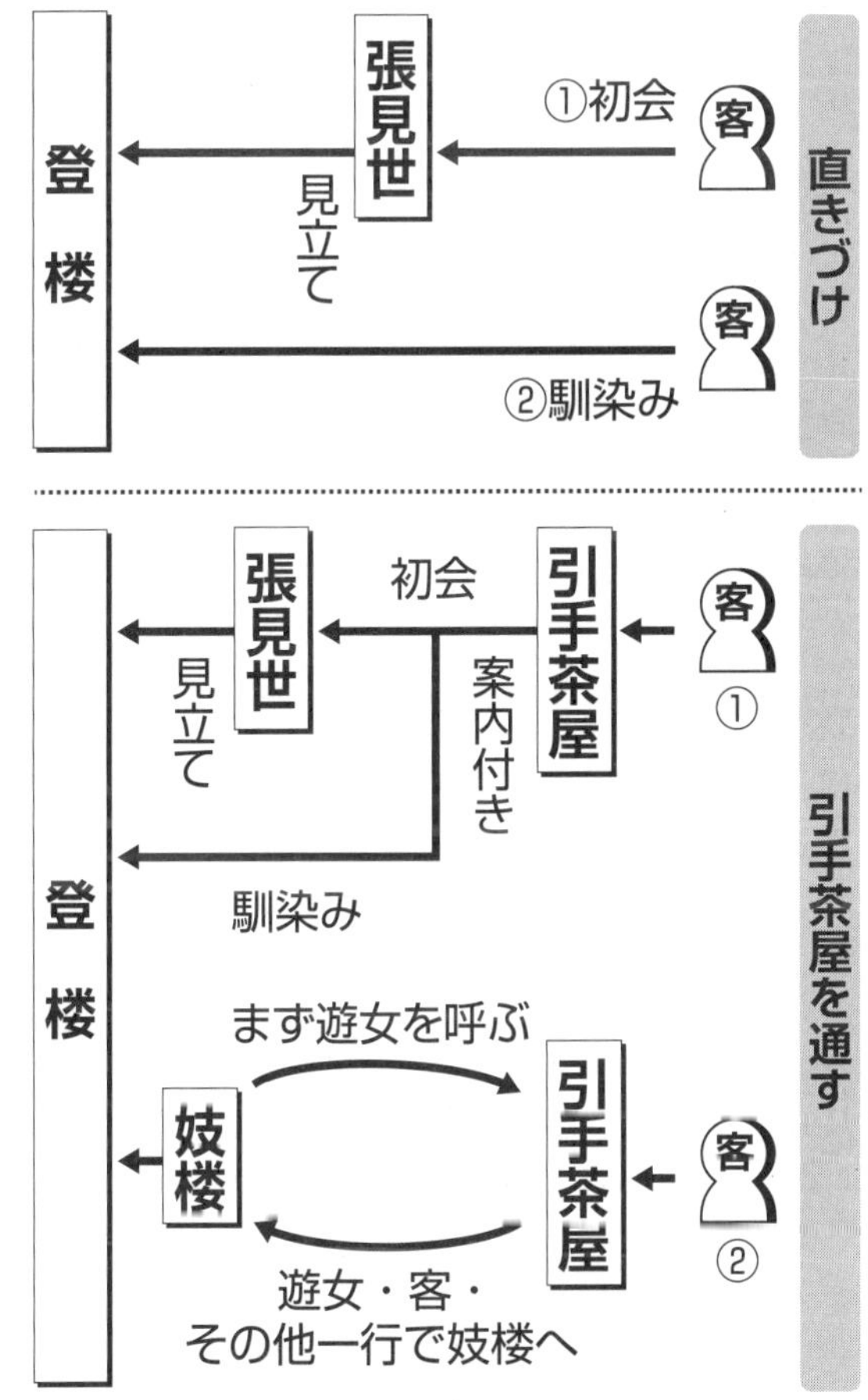
直きづけ
客
①初会
張見世
見立て
登楼
客
②馴染み
引手茶屋を通す
客
①
引手茶屋
初会
案内付き
張見世
見立て
馴染み
登楼
客
②
引手茶屋
まず遊女を呼ぶ
妓楼
遊女・客・
その他一行で妓楼へ

『会本色好乃人式』（勝川春章／天明五年／国際日本文化研究センター蔵）

馴染みの客の場合、引手茶屋は相方《あいかた》の遊女が誰かを心得ているため、

「聞きにやらせましょう」

と、若い者を妓楼に走らせ、早目に予約を入れておく。

初めての客の場合はまさに引手茶屋の腕の見せどころである。客のこのみを聞き、懐具合を見抜き、どの妓楼に案内し、どの遊女と組み合わせるかを考えなければならない。客が実際に遊女を見て決めたいと言えば、張見世に付き合うこともあった。

そうするうち、女中が酒と硯蓋《すずりぶた》を持参する。硯蓋は口取《くちと》り肴《ざかな》を盛る器で、慈姑《くわい》の丸煮や猪茸《ししたけ》のうま煮、かまぼこ、紫蘇《しそ》の実や九年母《くねんぼ》などがのっていた。季節によって多少の変化はあるが、いずれにしろ、変わりばえのしない品だった。

『青楼絵抄年中行事』（享和四年／国会図書館蔵）

茶屋の亭主や女将が酌《しゃく》をして、酒を勧める。客が下戸《げこ》の場合は菓子を出すが、竹村《たけむら》伊勢《いせ》の巻煎餅《まきせんべい》や最中《もなか》の月《つき》が多かった。

そろそろ時分はよしとなり、箱提灯をさげた引手茶屋の女将や若い者の案内でやおら妓楼に向かう、という手順である。

②遊女を茶屋に呼び寄せる

これがもっとも贅沢で、金のかかる遊び方だったが、客は大尽《だいじん》気分を味わうことができた。

引手茶屋の若い者が妓楼に走り、指名の遊女に声をかけて茶屋に来るよう要請する。引手茶屋からの呼び出しとあれば、妓楼も遊女も疎略にはしない。花魁の場合はさっそく新造や禿などを供に従えて引手茶屋に向かった。そのときの情景が一五二頁の絵に描かれている。

花魁の一行がやってくると、二階座敷で酒宴をひらいた。すでに幇間《ほうかん》や芸者を手配している場合もある。

しばし飲食、歓談したあと、あらためて妓楼に向かう。このとき、客は花魁のほか、供の振袖新造、禿、引手茶屋の女将や若い者、幇間や芸者まで引き連れることになり、晴れがましい道中である。女将がさげた箱提灯には茶屋の屋号が記されていた。こんな道中の光景が一五三頁に描かれている。吉原見物の人々は羨望の目で一行をながめたに違いない。

費用はひと晩で、現代の感覚で百万円くらいかかり、まさに豪遊だった。

一五二頁と一五三頁の絵は花魁道中と混同されがちだが、花魁道中とは目的が異なる。

引手茶屋のサービス

引手茶屋は客を妓楼に案内し、登楼させたあとも、つきっきりで面倒を見た。宴席にも付き合い、座を盛りあげた。雰囲気が湿っぽいと見るや、

「芸者衆を呼びましょうか」

と、気をきかせて幇間や芸者の手配もした。

『艶本若草双子』（北尾政美／天明五年／国際日本文化研究センター蔵）

酒宴が終わると、若い者は客が寝床にはいったのを見届けてから、ようやく帰る。

翌朝は指定された時刻に、若い者が客の寝床まで来て、起こしてくれる。いわばモーニングコールの役もした。

このため、引手茶屋の若い者は「消炭《けしずみ》」と呼ばれた。寝てもすぐに起きなければならないのを、消炭がすぐに熾《お》きることに掛けている。

上の絵は夜明け前、若い者が妓楼にやってきて、

「ハイ、お迎いでございます」

と障子をあけた。ところが客と遊女は真っ最中だった。

「ホホウ、これはおしげり最中だ」

と、若い者はあきれている。

おしげりとは、房事のこと。寝床が屏風《びょうぶ》

でかこわれていないのは絵の構図上の都合である。

◆張見世

鈴の音が合図

昼見世と夜見世の時間帯に、通りに面した座敷の格子《こうし》の内側に遊女が居並ぶのが張《はり》見世《みせ》である。

ただし、昼見世の場合、九ツ（正午ころ）から営業開始だが、張見世は八ツ（午後二時ころ）から始まった。夜見世のときは、営業開始と同時に張見世も始まる。

若い者が内所《ないしょ》の縁起棚《えんぎだな》に掛けられている鈴《すず》をジャランジャランと鳴らすのを合図にして、遊女たちは張見世に出た。この鈴の合図を「おふれ」といった。

階級順に着座

中央にお職《しょく》、つまり最高位の遊女がすわり、その左右に階級順に遊女が座を占める。端には振袖新造がすわった。

上級遊女の席には毛氈《もうせん》が敷かれていた。

遊女の前にはそれぞれ煙草盆《たばこぼん》が置かれている。この煙草盆は、男の気を引く小道具

『吉原十二時絵巻』（山東京伝／文久元年／国会図書館蔵）

として用いられた。遊女は自分がくゆらせている煙管《きせる》を格子越しに男に手渡し、一服させる。いわゆる吸いつけ煙草である。

上の絵には昼見世の張見世の光景が描かれている。昼見世は一般にひまなので、遊女は絵にあるようにカルタなどをして遊ぶこともあった。

ひとりの遊女は格子越しに男と話をしている。男をさそっているのか、それとも男は遊女に会いに来た情男《いろ》なのだろうか。

籬《まがき》では、男が遊女に手紙を届けているようだ。男は文使いか、あるいは引手茶屋や船宿の若い者であろう。

昼見世の時間帯をみはからって、客以外の者も張見世に出ている遊女に会いに来た。もちろん、話をするのは格子越しである。

張見世の楽しみ

張見世に居並んだ遊女を見物するのは男たちにとってなによりの楽しみだった。戯作『娼妓絹籭《しょうぎきぬぶるい》』（寛政三年）に、食い入るように張見世をながめる勤番武士ふたりの会話がある——。

「見なえ。どれも、美しいものでござるの」

「なるほど、きれいなものじゃ。こう見たところは、御年始に奥《おく》へ出たようでござる」

「いかさま。あの、真ん中に柏《かしわ》の定紋《じょうもん》を付けておる女郎はよい器量ではござらぬか。金田氏の内室に少し似ておる」

「なるほど。いや、こちらの黒い衣装もよくござる」

案内してきた引手茶屋の若い者がしびれを切らし、うながした。

「なんなら、ここにおきめなされませ」

「いや、もそっと、ほかを見物いたそう」

勤番武士たちは登楼までに、まだまだ張見世見物を続けるつもりのようである。

会話中の「奥」は、江戸城の大奥と同様、男子禁制である。国許《くにもと》では正月の登城のときは藩士も奥に入ることを許されたようだ。

『傾城買談客物語』（寛政十一年／国会図書館蔵）

引手茶屋に案内させているので、贅沢な遊びである。ふたりの武士は江戸の思い出に、吉原で散財するつもりであろうか。

上の絵は夜見世の張見世の光景で、昼見世とは雰囲気ががらりと異なる。夜見世のときは絵のような大行灯《おおあんどん》をともした。ちょうど若い者が油をつぎ足している。

大行灯の明りに映《は》え、居並ぶ遊女の白粉《おしろい》を塗った顔は男たちの目にはさぞ妖艶《ようえん》に見えたであろう。

絵には描かれていないが、片隅では清搔《すががき》という三味線が弾《ひ》き鳴らされている。

いましもひとりの遊女が、格子の向こうの男に吸いつけ煙草を渡そうとしている。

◆清掻

夜見世には必須

夜見世《よみせ》の張見世では、清掻《すががき》という三味線《しゃみせん》によるお囃子《はやし》が弾《ひ》き鳴らされた。昼見世の張見世では清掻はない。

暮六ツの夜見世の開始と同時に、各妓楼でいっせいに清掻が始まる。清掻が鳴り響き始めるのが、客に夜見世の開始を告げる合図でもあった。

にぎやかな清掻の音を耳にするや、それまでそぞろ歩きしていた男たちも引き付けられるように妓楼の張見世に向かった。

内芸者か振袖新造が弾く

清掻の三味線を弾くのは内芸者《うちげいしゃ》か、その日の当番の振袖新造である。

妓楼によって清掻の弾きかたには微妙な違いがあり、調子も本調子《ほんちょうし》、二上《にあが》り、三下《さんさが》りがあった。

引け四ツ（午前零時ころ）まで、およそ六時間にわたって途切れなく弾き続けなければならないため、途中で交代しながら三味線を弾いた。

戯作『青楼籬の花《せいろうまがきはな》』（文化十四年）によると、三味線の糸と駒《こま》は内所から支給されたが、もしなくすと、当番の振袖新造が弁償するか、内所に詫びを言ってあらたに受け取らなければならない。そのため、振袖新造のあいだで、渡した、渡さないのいざこざがよくおきたという。

◆見立て

張見世の前に立ち、格子越しに遊女をながめて、相手を決めるのが見立《みた》てである。

引手茶屋の案内

引手茶屋を通して登楼する場合でも、とくに馴染みがいないときは、張見世で見立てをする。

戯作『素見数子《ひやかしかずのこ》』（享和《きようわ》二年）に、茶屋の若い者にともなわれた武士が張見世で見立てをする場面がある――。

「あの、正面におるのは、揚代《あげだい》はいかほどずつじゃ」

「ヘイ、中座《なかざ》はみな三分でござります」

「しからば、夜分ばかりは一分二朱じゃの。いかさま下直《かちよく》なものじゃ。こちらのまた、柱のねきにおる振袖はいかほどじゃ」

「二朱でござります」

「しからばこれも、夜分ばかりは三匁《もんめ》七分五厘《りん》じゃの。下直、下直」

下直は下直《げじき》で安価なこと。武士は若い者に「安いものだ」と強がりを言っているが、内心では驚愕しているであろう。しかも、事前に『吉原細見』でちゃんと揚代の仕組みを下調べしてきたようだ。武士の威厳をたもとうとしているのが、なんともいじましい。

こうして見立て、気に入った遊女がいれば、案内してきた若い者の耳元にささやくだけでよい。あとは、引手茶屋のほうで妓楼に伝えてくれる。

直きづけの客

直きづけの場合は、まずは張見世で遊女を見立てたあと、妓夫台《ぎゆうだい》にすわっている見《み》世番《せばん》の若い者に伝えた。

戯作『文選臥坐《もんぜんござ》』(寛政二年)に、直きづけの勤番武士と見世番の若い者の遣《や》り取りが描かれている――。

張見世でこのみの遊女を見立てた勤番武士が、妓夫台の見世番に声をかけた。

「これ、これ」

「はい、なんでござります」

「ほかのことでもござんねえ。わしやァ、はあ、むかえの柱のいんで（左手）にくれへ（黒い）衣装を着てまかる女郎を買いたくえすが、なんとお手前、そこをひとつ……」

訛《なま》りの強いことばを聞き分け、見世番は、

「はいはい、ずいぶんどなたでも、御意《ぎょい》に叶《かな》いましたのをお出し申しましょう。さあ、まず、おあがりなされまし」

と、如才《じょさい》なく武士を店のなかに案内する。

見世番は籬《まがき》の格子越しに張見世をながめて、客がえらんだ遊女をたしかめる。そのあと、「若波さん、お支度《したく》ぅー」などと呼びかけ、遊女に客が付いたことを知らせた。

素見

張見世の前にはつねに男たちが群がっていたが、そのほとんどは素見《すけん》、つまり冷やかしだった。実際に登楼するわけではない。

『艶本逢絵山』（歌川国芳／国際日本文化研究センター蔵）

素見が七分買うやつが三分なり

という川柳もあるくらいで、張見世の前で熱心に遊女を品評している男の七割は素見だった。大見世の張見世ともなれば、ほとんどが素見だった。

なかには、連れ立った仲間同士で毒舌を吐き、

「鍋の蓋《ふた》で押しつぶしたという顔じゃねえか。尻は臼《うす》のようだぁ」

「真ん中にいる女ぁ、見さっし。鼻の穴から煙草の煙を出してらぁ」

などと、遊女の棚卸《たなおろ》しをして楽しむ者もいた。

上の絵に、張見世の前でなにやら相談している男たちが描かれている。

◆登楼

見立てを終え、遊女を指名すると、いよいよ登楼である。話し言葉では「登楼《あが》る」といった。

入口の暖簾《のれん》をくぐって土間にはいり、そこで履物を脱いで上にあがる。履物はすばやく若い者が下足箱に収納した。

刀をあずける

若い者の案内で階段をのぼって二階に向かうに先立ち、武士は刀をあずけなければならない。妓楼では、たとえ大名や大身《たいしん》の旗本《はたもと》でも刀を差したまま二階にあがることはできなかった。

引手茶屋を通した客はすでに茶屋に刀をあずけているが、直きづけの者はここで刀を渡す。

このとき若い者が、「お小柄《こづか》ございません」と、確認した。

小柄は刀の鞘《さや》の鯉口《こいぐち》の部分に差し添える小刀《こがたな》で、あとでなくなったなどという悶着《もんちゃく》がおきるのを防ぐためである。

あずかった刀は若い者が内所に運び、楼主の背後に置かれた刀掛に掛け、木札をつけた（六五頁の絵参照）。

引付座敷で対面

すでに馴染みの客の場合はそのまま遊女の個室に案内されることもあるが、初会《しょかい》の客はまず引付座敷《ひきつけざしき》に通された。ここで、遊女と初対面をする。

客が引付座敷にすわると、さっそく禿《かむろ》が茶と煙草盆を持ってくる。続いて、酒と硯蓋《すずりぶた》が運ばれてきた。硯蓋にのっているのは枝豆やかまぼこなど、変わりばえのしない品である。

やおら遊女と遣手《やりて》が登場し、ここで盃《さかずき》を交わす。三々九度《さんさんくど》の盃を模したものであり、男女の婚姻を象徴していた。

引手茶屋が付いてきている場合は、女将や若い者が仲立ちとなって、銚子《ちょうし》から酒をつぎ、盃を客と遊女にまわす。直きづけの客の場合は、遣手や妓楼の若い者が仲立ちをした。その後、幇間や芸者を呼び、別の座敷に移って酒宴となる場合もある。

左頁の絵に、引付座敷で初会の客が遊女の登場を待っているところが描かれている。初会では遊女が上座《かみざ》だった。廊下から客にささやいているのは引手茶屋の若い者であろうか。

『青楼絵抄年中行事』（享和四年／国会図書館蔵）

床急ぎ

宴席はもうけず、すぐに遊女と同衾《どうきん》したがる客もいた。いわゆる「床急《とこいそ》ぎ」の客である。

金に余裕がないため酒宴はぶきたいという場合もあれば、ともかく早く遊女とふたりきりになりたいという場合もあった。事情はさまざまである。こういう客の意向を汲み取るのが、引手茶屋や、妓楼の遣手と若い者だった。

床急ぎの客は、妓楼の若い者が「では、こっちらへ」と、遊女の部屋や、廻《まわ》し部《べ》屋《や》にもうけられた寝床に案内した。

ただし、遊女がすぐに来るとはかぎらなかった。「廻《まわ》し」という仕組みがあったからである。

◆廻し

廻しは過重労働
廻《まわ》しとは、遊女に同時間帯に複数の客をつけることである。ダブルブッキングと言ってよい。

妓楼が売上を伸ばすための方策だったが、遊女にとっては過重労働だった。

本来であれば廻しの場合、遊女は客の寝床を行き交い、平等にあつかわなければならないのだが、毎日、ひと晩のうちに複数の客を相手にしていたらとても体がもたない。気分や体調がすぐれないときもある。

「のこらずの客へ実《じつ》をもってまわらば、身も夜もつづく事にあらず」

と、『古今吉原大全』（明和五年）も遊女の苛酷な労働の実態を認めている。

そこで、遊女はいろんな理由をつけて、客を「ふる」ことがあった。客に向かって、

「ちょいと待っていておくんなんし」などと気休めを言い、けっきょく戻ってこないのである。

客にしてみればきちんと規定の揚代を払いながら寝床に放っておかれ、独り寝を余儀なくされるのだから、こんな理不尽はなかった。しかし、「廻し」と「ふる」を遊

女のわがままや怠慢《たいまん》、狡猾《こうかつ》と見るのは必ずしも正しくない。

もてた、ふられた

この廻しに関して、「もてた」「ふられた」という言い方をする。ちゃんと遊女が自分の寝床に来たときは「もてた」、けっきょく来なかったのは「ふられた」である。

登楼したものの見事にふられた客を、「醜男《ぶおとこ》で無粋《ぶすい》だから、ふられる」などと解釈する向きもあるが、これは廻しを滑稽噺《こっけいばなし》に仕立てた落語の影響であろう。なお、廻しでふられた男を滑稽に描いた落語に『五人まわし』がある。

「もてた、ふられた」を文字通りに受け取るのは正しくない。遊女が客をふる背景には、やはり妓楼が無理な廻しを押し付けていたことがあった。

とかく妓楼では、廻しは悶着《もんちゃく》の種だった。しばしば、じれた客が怒り出す。

「女郎が来ないじゃねえか、どうなっているんだ」

なかには「もう帰る」と言い出す男もいた。

若い者が適当になだめるが、それでも怒りがおさまらないときは、ほかの客の寝床にいる遊女のところに行き、廊下から声をかけて呼び出す。

「花魁、ちょいと、住之江さん、ちょいと」

そして、事情を耳打ちして、怒っている客のところに行かせた。とにかく寝床に行

き、なだめてこいというわけである。
こういう采配《さいはい》をするのが、廻《まわ》し方《かた》の若い者の役目だった。
上の絵は、廻しを取った遊女がなかなか来ないため、
「さても、おそいことや」
と、客がじれているところである。
隣室の淫声や物音が聞こえてくるだけに、待たされた客はつらかった。

◆初会、裏、馴染み

初会から同衾

客が初めて登楼するのを初会《しょかい》という。
二回目が裏《うら》で、これを「裏を返す」という。

『肉蒲団』（石川豊信／明和五年頃／国際日本文化研究センター蔵）

三回目で馴染《なじ》みとなる。

次頁の絵①〜③は、春本《しゅんぽん》『風流艶《ふうりゅうえん》色真似《しょくまね》ゑもん』（明和七年）に描かれた初会、裏、馴染みの同衾の様子で、客と遊女の心理がよくわかる。

なお、同書は真似ゑもんがその小さな体を利用して各所の房事を見てまわる趣向である。
①は初会で、遊女が相手の気持ちをほぐそうと「煙草あがりんし」と勧めるが、客の男は同衾を前にして緊張から表情が硬い。もしかしたら吉原は初めてなのかもしれない。
真似ゑもんが「まだはや、おどおどものだ」と冷やかしている。
②は二回目で、男は裏を返した。
遊女が「さあ、帯、解かんせ」とせ

『風流艶色真似ゑもん』①
（鈴木春信／明和七年／国際日本文化研究センター蔵）

かすのに対し、男は酔ったのでちょっと待てと制している。初会の緊張とは打って変わり、男には余裕すら感じられるようだ。
こんな男の態度を見て、真似ゑもんは「イヤ、すこぶるもたいぶりの。アノ心のうちはさぞ」と茶化している。
③は三回目で、男はついに馴染みとなった。寝床で寄り添い、ふたりで手紙をながめるほどの親密さである。一種の恋人感覚に近いかもしれない。
廊下では不寝番《ねずのばん》が遊女と交わっているが、これは春本独特のおまけであり、本筋とは無縁である。

『風流艶色真似ゑもん』②（上）、③（下）

三回目で肌を許すは伝説

吉原の遊女について、初会では花魁はツンと澄ましていて、ろくに話もしない。裏でようやく打ち解け、話をし、笑顔も見せるが、まだ客とは床入しない。三回目で馴染みとなって、ようやく客に肌を許すという説がある。

しかし、「吉原の花魁は三回目で肌を許す」には史料の裏付けはなく、たんなる俗説にすぎない。遊女伝説と言ってもよかろう。

宝暦《ほうれき》以前の全盛の太夫《たゆう》に、権柄《けんぺい》づくの客を二度までも「ふり」、ようやく三回目で折れて同衾した事例があり、それが吉原の遊女の「意気地《いきじ》と張《は》り」として喧伝《けんでん》されたのかもしれない。しかし、事例はあくまで事例であり、一般的な風習とは違う。

『古今吉原大全』には、こうある。

「初会に床《とこ》で首尾《しゅび》せぬは客の恥、裏にあわぬは女郎の恥と言い伝う」

つまり、初会でふられるのは客の恥。しかし、初会で懲《こ》りた客が裏を返さないとなれば、今度は遊女の恥になる、と。

初会で冷淡な対応をすれば客に見捨てられ、けっきょく遊女の落ち度になる。

常識で考えても、最初から客を冷淡にあつかっては、それこそ二度と来ないであろう。むしろ初会の客こそサービスをして、とりこにしてしまわねばならないはずである。

◆床入

寝床で遊女を待つ

客と遊女が同衾するのが床入《とこいり》である。

若い者に案内されて、遊女の部屋か廻し部屋に行く。用意された寝床につくと、禿が煙草盆や茶を持ってきて、枕元に置いた。若い者が寝床のまわりを屏風《びょうぶ》で囲う。

ここで、引手茶屋の女将や若い者などは翌朝の迎えの刻限をたしかめたあと、ようやく引き取る。

あとは寝床にひとりになる。遊女が来るのを待つわけだが、たいてい廻しを取っているため、すぐに来るとはかぎらなかった。

気がもめる

客としては遊女がいま来るか、いま来るかと、落ち着かない。そんな男の様子を戯作『傾城買四十八手《けいせいかいしじゅうはって》』（寛政二年）は、つぎのように描いている――。

煙草呑んだり、鼻をかんだり、寝たり、起きてみたり、あくび五、六十、夜着《よぎ》の内につつんで、やや時移る。

ようよう廊下をばたりばたりと上草履《うわぞうり》の音、さては今来《き》おるなと、急いで煙管《きせる》はたき、夜着ひきかぶり、寝たふりしていれば、ほかの女郎と見えて、むなしく向うの座敷へはいる。この時、目はさへて皿の如くなり……。

廊下にバタリバタリと遊女の上草履の音が響くたび、客は期待に胸をときめかせた。あわてて煙管の灰を落とし、夜着をひっかぶって寝たふりをするのは余裕を示したいからであろう。そんな男の見栄が滑稽《こっけい》である。

やがて遊女が、「もしえ、もう寝なんしたかえ」などと言いながら、部屋にはいってくることもあれば、けっきょく遊女は来ないままで、ふられることもあった。

部屋にはいってきた遊女は帯を解き、着物を脱いで、寝床のまわりに立てまわした屛風にかける。その後、夜着をまくってそっと客のそばに寄りそう。

『傾城買四十八手』には、遊女が、

「客の枕の下から、手をさしこみ、男の唇へくいつき」

とある。もちろん、この「くいつき」は唇と唇を合わせることである。

なお、当時の枕は高かったので、手を差し込むことは容易だった。

全裸にならないは本当か

「遊女はけっして床着《とこぎ》（寝巻）を脱ぐことはない」という説がある。つまり、全裸になることはない、と。

しかし、遊女の心得を書いた『遊女大学』（文化四年）にこうある――。

いかばかりの美女たりとも赤裸《あかはだか》を見せて何の風情《ふぜい》かあらん。しかりといえども、情《じょう》に堪《た》えず、我知らず、おのずからあからさまになりたるは、また格別興《きょう》まさりたらんか。

普段は床着を脱がないが、我を忘れたかっこうで全裸になれば、客を狂喜させるものだ、と。

要するに、手練手管《てれんてくだ》のひとつである。「あなただけよ」という形で床着を脱ぐこともあった。遊女は全裸にならないも一種の遊女伝説であろう。

ただし、全裸になるのは真夏限定だった。当時は室内をあたためる暖房はなかったので、冬などに真っ裸になるのはとうてい無理だった。

一七九頁の絵に、床着姿の遊女が描かれている。これから客の寝床に向かうところであろう。口にくわえた御簾紙《みすがみ》は事後処理用で、遊女は必ず持参した。

◆名代

花魁《おいらん》に大事な馴染み客がかち合った場合、ひとりは自分が相手をするが、もうひとりの寝床には妹分の振袖新造を名代《みょうだい》として差し出す風習があった。「退屈でありいしょうから、話でもして待っていておくんなんし」というわけである。

しかし、客は名代には手をつけてはならないという不文律《ふぶんりつ》があった。ただ話をするだけである。若い振袖新造とふたりきりで寝床にいながら手出しもできないとなれば、いわば蛇《へび》の生殺《なまごろ》しの心境であろう。

いっぽうの名代も、もし客と寝たことがわかれば、手ひどい折檻《せっかん》を受けた。

戯作『恵比良濃梅《えびらのうめ》』（寛政十三年）に、客の男が名代を口説《くど》く場面がある――。

「これ、そう、つれなくせずと、こっちらを向きなさい」

「あれさ、およしなんし」

「これが、よされるものか」

「馬鹿らしゅうおすよ。しつこくしなんすと、声を立てえすにえ」

「はて、野暮《やぼ》な子だ。いうことを聞くと、なんでも望みのものをつかわすが」

「それでも、花魁が叱りいす」

『浮世姿吉原大全 名代の座舗』（渓斎英泉／国会図書館蔵）

『風流艶色真似ゑもん』
（鈴木春信／明和七年／国際日本文化研究センター蔵）

「なに、花魁が知るものだ。エエ、ふっくりとして……」

こうして客と名代がもみ合っているところに、花魁が登場する。客も名代もさぞバツが悪かったであろう。

上の絵は、ようやく現われた花魁が、客と名代の新造のあいだになにごともなかったかどうか、疑っているところである。

こうした独特の制度があったため、客は金さえ出せば思いのままというわけにはいかない。この不自由や不合理こそが吉原遊びの興趣でもあった。

◆割床

廻し部屋で相部屋に

新造は個室を持っていないため、客と同衾するのは廻《まわ》し部屋《べや》と呼ばれる大部屋で相部屋だった。これが割床《わりどこ》である。布団を多数敷き詰め、あいだは屏風で仕切っただけである。

花魁は個室を持っていたが、廻しで客が重なったとき、大事な馴染み客は個室に入れ、そのほかの客とは廻し部屋で割床となった。

岡場所や宿場の女郎屋では割床が一般的だったが、吉原の妓楼でもけっして珍しいことではなかった。

一八三頁の絵に割床の情景が描かれているが、屏風で仕切った右側の寝床では遊女が禿になにやらささやいている。左側の寝床では客と遊女がまさに痴話喧嘩《ちわげんか》の最中だった。

仕切りは屏風一枚

割床では、寝床と寝床の仕切りはわずか屏風一枚である。視界こそさえぎられるが、声や物音は筒抜けだった。

一七一頁の絵のように、ふられて独り寝を余儀なくされている客の場合、隣の寝床で客と遊女が濃厚な行為に及んでいたら、それこそたまったものではない。若い者を呼びつけ、怒鳴《どな》りつけたくもなるであろう。

屏風で仕切っただけのため、便所から戻ってきた客や、連れの友人をさがしに来た客が寝床を間違えることもしばしばおきた。

自分の寝床、あるいは友人の寝床と思って屏風をあけると、見知らぬ客と遊女が真っ最中だった……。そんなときは、「これは粗相《そそう》」と謝って、あわてて退散するしかない。

◆かさむ出費

床花

三回目で馴染みになったとき、床花《とこばな》という祝儀《しゅうぎ》を遊女にあたえるのが習慣になっていた。もちろん、初会や裏を返したときに奮発してもかまわない。

床花のやり方については、まだ遊女が寝床に来ないうちに、そっと枕元の煙草盆の引き出しなどに入れておいてやるのが粋《いき》で、通人《つうじん》とされているが、戯作『婦美車《ふみぐるま》紫《むらさき》

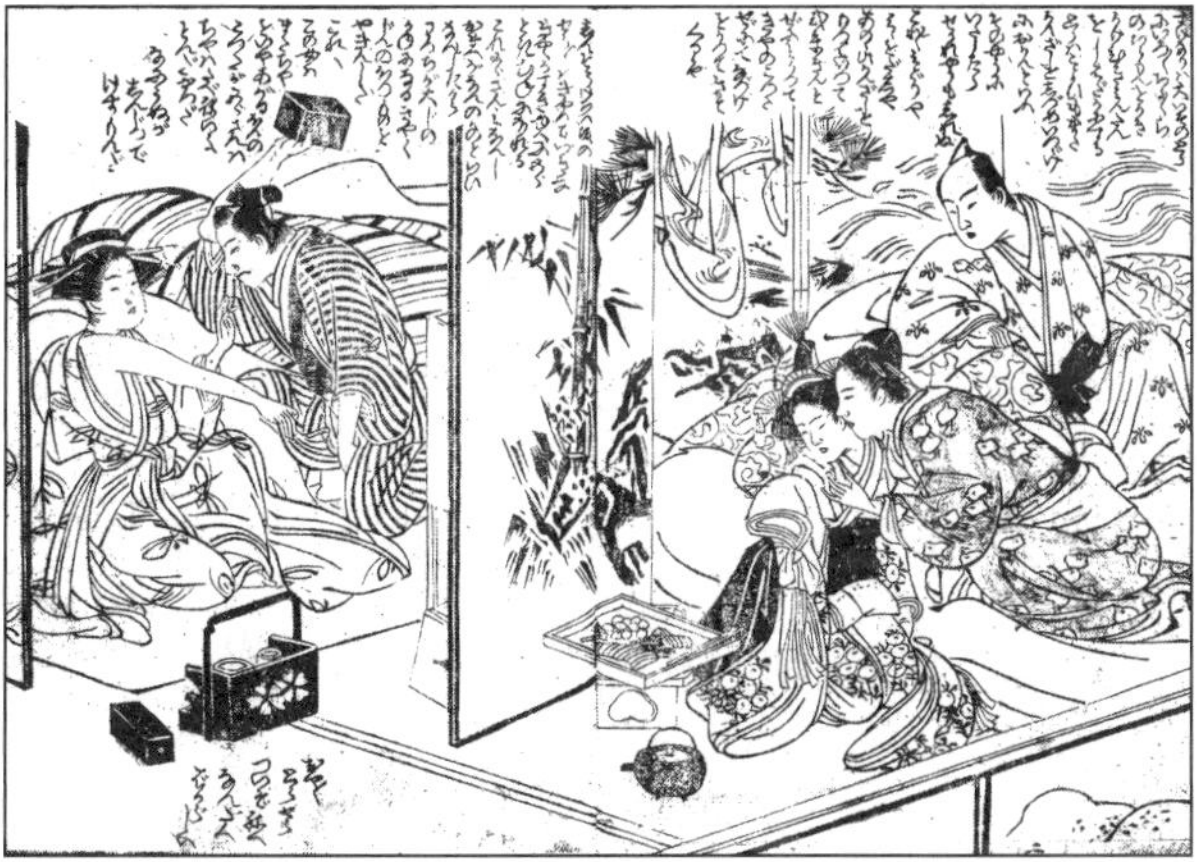

『鶸茶曽我』（安永九年／国会図書館蔵）

鹿子《かのこ》』（安永三年）にはこうある――。

あからさまにやるべし。隠して煙草盆の引き出しなぞ入れ置く事、当世にあわず。

安永年間（一七七二〜八一）には、すでに奥床《おくゆか》しさはなくなっていた。金額については、戯作『傾城買四十八手』（寛政二年）に、

「まず三会目の客をつとめ、もはや床花の三両もしめてきたゆえ……」

とあり、遊女は三回目の客から三両の床花をもらっている。

寛政ころで、三両前後が相場だったようだ。現代の三十万円に相当し、こういう床花の風習は客にはかなりの出費となった。

惣花

惣花《そうばな》とは、妓楼の全員に祝儀をあたえることである。客にとっては最大の見栄《みえ》だったし、遊女にとっても大きな手柄《てがら》となる。

妓楼では惣花を打った客の名を書いて、帳場に張り出した。

惣花に生きとし生けるものが出る

という川柳は、祝儀をもらおうと、普段は二階に縁のない料理番や風呂番までもがぞろぞろと客の座敷に来て、平伏している光景である。そんな情景が左頁の絵に描かれている。遊女の手から祝儀を受け取っているのは奉公人一同であろう。

ただし、ほかの客への対抗意識から浪費をすると、

負けぬ気で惣花を打ちそれっきり

という川柳にあるように、親から勘当《かんどう》されたり、座敷牢《ざしきろう》に押し込められたりになりかねなかった。

寛政七年（一七九五）の幕府の通達『新吉原町定書《しんよしわらまちさだめがき》』によると、惣花の総額は、

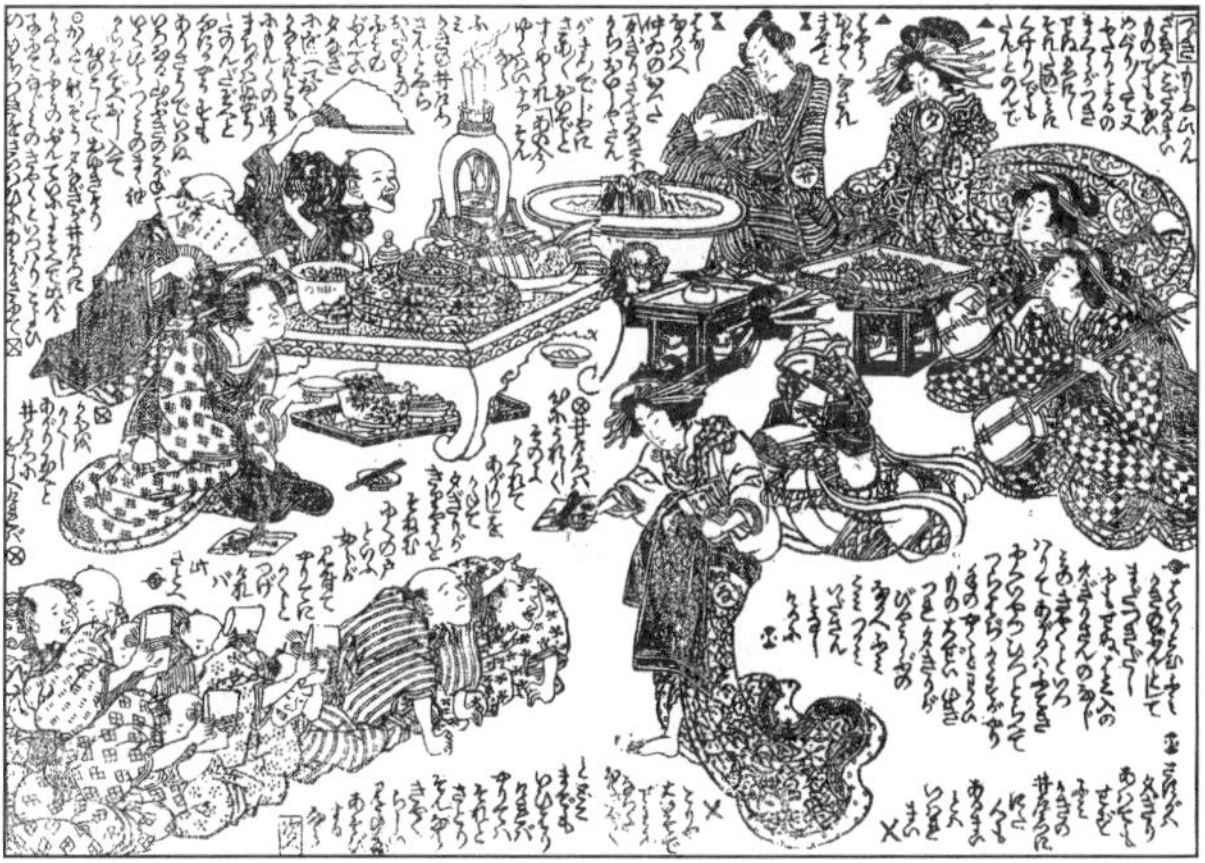

『冬編笠由縁月影』（文化十三年／国会図書館蔵）

大見世　三両
中見世　二両
小見世　一両二分
河岸見世　二分
まで、としている。限度を定めたのは、それまでの派手な惣花は目に余るものがあったからであろう。すでに吉原の主役は町人である。幕府としては「身の程を知れ」という苦々しい気分だった。
もっとも派手な惣花は、豪商紀伊国屋《きのくにや》文左衛門《ぶんざえもん》が揚屋町の和泉屋《いずみや》でおこなったという、小粒《こつぶ》（一分金）の豆まきであろう。『江戸真砂《まさご》六十帖』によると、吉原の年寄りがいまもその光景を覚えていると述べたという。

◆朝帰り

起床と朝の支度
客が目を覚ました気配を察して、禿が、

「もしえ、手水《ちょうず》をお使いなんし」

と、洗面道具を持参した。

部屋に運び込むのは、口をすすぎ、顔を洗うための水を入れたうがい茶碗、歯ブラシに相当する房楊枝《ふさようじ》、歯磨き粉である。

房楊枝は使用後、ふたつに折っておくのが客の心得だった。

洗顔と口すすぎに使ったあとの水は、半挿《はんぞう》と呼ばれる容器に捨てた。

後朝の別れ
当時、一般の人々の生活は朝が早かった。泊まった客もたいていは明六ツ前、つまり夜明け前に起きて、妓楼を出た。
一夜を共にした遊女は階段のところまで、あるいは階段下まで客を見送る。これを、後朝《きぬぎぬ》の別《わか》れといった。

『青楼絵抄年中行事』（享和四年／国会図書館蔵）

遊女は名残《なご》り惜しそうに、

「また来なんし。つぎは、いつ来なんすえ」

などと言いながら、後ろから羽織を着せかけたり、煙草入を渡したりする。そんな情景が上の絵に描かれている。

大門《おおもん》を出て歩きながら、客は見返《みかえ》り柳《やなぎ》のところで、つい吉原のほうを振り返ることもあったろう。

その後は白々と明ける日本堤《にほんづつみ》を歩いて、あるいは駕籠《かご》で帰途につく。家には、朝帰りをすることになる。

バツが悪いのはたしかだとしても、当時の社会通念もあって、朝帰りが家庭争議や夫婦喧嘩《げんか》に発展することは滅多になかった。この点については第八章で述べる。

◆引手茶屋で朝食

朝の迎え

引手茶屋《ひきてぢゃや》を通した客の場合は、引手茶屋の若い者が部屋のなかまではいってきて、屛風の外から、「お迎いでござります」と、声をかけて起こしてくれる。

顔を洗って口をすすぎ、遊女と後朝の別れをしたあと、客は若い者にともなわれて引手茶屋に向かう。

二階の座敷にあがると、朝食が出た。玉子雑炊《たまござうすい》や湯豆腐《ゆどうふ》などであるが、客によっては熱燗《あつかん》を求め、朝酒《あさざけ》をする者もいた。

いったん朝酒をすると、だらだらと時間が過ぎていく。大門を出るころには、日は高くのぼっているであろう。

なお、昨夜来の遊興費をまとめて引手茶屋に支払わなければならない。

一例をあげると、戯作『廓宇久為寿《さとうぐいす》』（文政元年）で、男が引手茶屋の案内で京町の大見世に登楼した――。

相手の遊女は昼三で、幇間ひとりと芸者ふたりを呼んで宴会もした。翌朝、引手茶屋に戻ってから、請求書を渡される。その金額は、しめて八両三分二朱。

ひと晩で八両三分二朱を使ってしまった。現代のおよそ八十九万円である。まさに蕩尽《とうじん》であろう。

引手茶屋を通した遊びは結果として高くついた。

◆居続け

泊り客が朝になっても帰ろうとせず、そのまま妓楼にとどまるのが居続《いつづ》けである。

遊女は手練手管《てれんてくだ》のかぎりをつくし、言葉たくみに客に居続けを勧めた。別れがたくなった客はつい、帰るのをやめる。

遊女と一緒に朝食をとり、一日を共に過ごす。ほとんど恋人や夫婦の気分である。そのまま泊まってしまうこともあった。ズルズルと三日、四日と居続けをする客もいた。もちろん、支払い額は雪だるま式に増えていく。

こうした居続けをしていると、息子の場合は怒った親から押し込めにされたり、勘当されたりになりかねなかった。

次頁の絵に居続けの客が描かれているが、連子窓《れんじまど》から外をながめている後ろ姿に自堕落《だらく》と懊悩《おうのう》が見て取れる。いっぽう、振袖新造は茶を持参し、また炭を熾《おこ》して部屋を

『青楼絵抄年中行事』（享和四年／国会図書館蔵）

あたためているし、禿は水を運び、痒《かゆ》いところに手が届くような世話を焼く。居続けの意思を変えさせないのが目的だった。

さて、息子が居続けをして家に帰ってこないとき、どうするか。

大店《おおだな》の場合は番頭や、出入りの鳶《とび》の頭《かしら》などが妓楼に出向いて、帰宅するようながしたが、成功するとはかぎらない。しかし、こうした道楽息子も、いずれまともになるというのが当時の社会通念である。

戯作『浮世床《うきよどこ》』によると、なまじ若いころは品行方正で、中年過ぎてから女郎買いの道楽を覚えた者は抑制がきかず、身を滅ぼすという。

中年過ぎた男の居続けは危険だった。

第六章　遊女の生活と教育

◆遊女の一日

二度寝からの起床

夜が明ける前に帰る客を階段まで、あるいは引手茶屋《ひきてぢゃや》まで、ときには大門口《おおもんぐち》まで送って出る。そのころにはゴーン、ゴーンと浅草寺《せんそうじ》の明六ツの鐘の音が響いてきた。

こうして泊り客と後朝《きぬぎぬ》の別《わか》れをしたあと、遊女は二度寝《にどね》の床につくが、すでに階下の奉公人たちは働き始めていた。階下から物音や人の声が響いてくるなか、明るくなった部屋で遊女はようやくひとりで熟睡することができた。下級遊女は大部屋で雑魚寝《ざこね》である。

二度寝の床から起き出すのは四ツ（午前十時ころ）である。四ツから遊女の一日が始まるといってよい。

起床すると入浴、朝食をすませ、化粧や髪結など身支度をしなければならないが、昼見世《ひるみせ》が始まる九ツ（正午ころ）までは自由時間だった。

九ツから七ツ（午後四時ころ）までは昼見世で、張見世《はりみせ》にも出なければならない。客がついた場合は、二階の座敷で相手をする。

七ツに昼見世が終わる。張見世から引きあげ、おそい昼食をとった。暮六ツ（日

遊女の一日

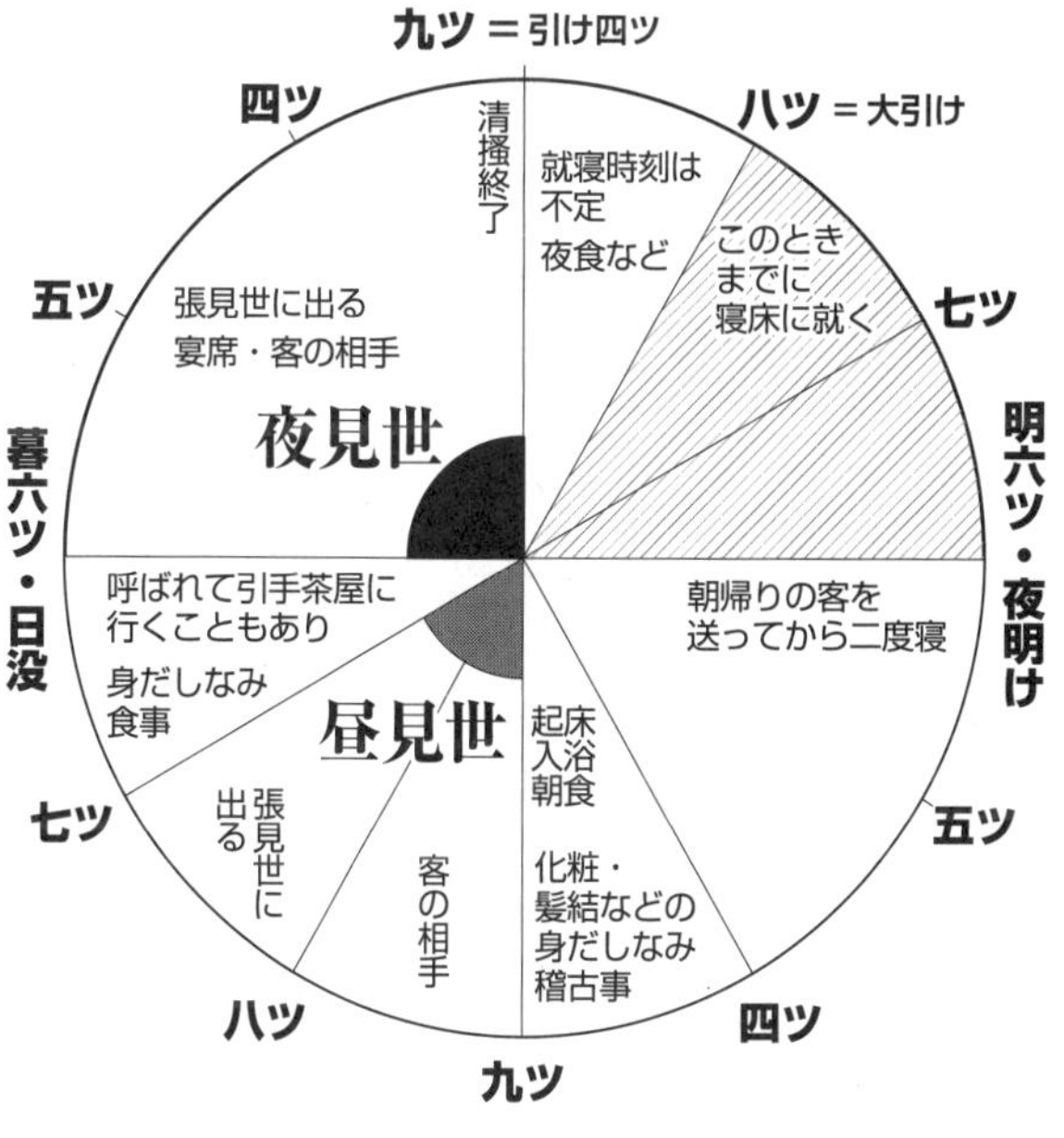
九ツ＝引け四ツ
ハツ＝大引け
七ツ
明六ツ・夜明け
五ツ
四ツ
九ツ
ハツ
七ツ
暮六ツ・日没
五ツ
四ツ
清掻終了
就寝時刻は
不定
夜食など
このとき
までに
寝床に就く
朝帰りの客を
送ってから二度寝
起床
入浴
朝食
化粧・
髪結などの
身だしなみ
稽古事
客の相手
張見世に
出る
呼ばれて引手茶屋に
行くこともあり
身だしなみ
食事
昼見世
夜見世
張見世に出る
宴席・客の相手

没）までは自由時間だが、夜見世《よみせ》にそなえて身支度をしなければならない。時には、日が暮れる前に早々と客が引手茶屋にあがり、そこからお呼びがかかることもある。

花魁《おいらん》は振袖新造《ふりそでしんぞう》や禿《かむろ》、遣手《やりて》を従えて引手茶屋に出向く。

暮六ツから、いよいよ夜見世が始まる。張見世に居並び、客がついた遊女は二階にあがって、引付座敷《ひきつけざしき》での対面や酒宴など、相手をする。廻《まわ》しをとった場合は複数の客と同衾《どうきん》しなければならない。

午前二時まで

引け四ツ（午前零時ころ）で妓楼《ぎろう》の表戸を閉めるため、もう新規の客はこないが、すでに登楼《とうろう》している客の相手は続く。

八ツ（午前二時ころ）の大引けの拍子木《ひょうしぎ》を合図に、遊女はいったん階下におり、内所《ないしょ》の前に掛けられている時札《ときふだ》と呼ばれる名札を掛け替えた。その後、それぞれの部屋に戻って床《とこ》につく。

遊女の一日は八ツでようやく終わるといえよう。もちろん、寝床での客の相手は続いた。

遊女の一日を前の頁に図示したが、ほとんど外出することもなく、一日の大半を客の酒色《しゅしょく》の相手をして過ごすといってよい。不健康そのものの生活だった。

◆食事

朝食と出前

上級の遊女は二階の自室に食事を運ばせたが、下級の新造や禿は一階の広間で細長い飯台に並んで食べた。

妓楼の食事は質素《しっそ》だった。しかも、ご飯は盛りきり一杯である。育ち盛りの禿はつねに腹を減らしていた。

『光明《こうみよう》に芽《め》ぐむ日』（大正十五年）によると――。

朝食　泊り客が帰ってから。ご飯に味噌汁《みそしる》と漬物だけ。

昼食　夕方四時ころ。ご飯と、おかずはたいてい煮しめだけ。たまに魚や海苔《のり》がつく。

夕食　夜十一時ころ。昼間の残りの冷や飯を食べる。おかずは漬物だけだが、沢庵《たくあん》すらないときもあった。

同書に記されているのは大正末期の吉原の妓楼の食事である。江戸時代もほぼ同じ、あるいはもっと質素だったであろう。

ただし、これはあくまで妓楼が出す食事である。宴席には豪華な料理が並んだし、金蔓《かねづる》の客をつかんだ遊女は台屋《だいや》からいろんな食べ物を取り寄せてもらうこともできた。

妓楼は暗に遊女に、

「うまいものが食いたければ、もっと客を悦《よろこ》ばせ、祝儀を出させろ」

と、命じていたにひとしい。

戯作《げさく》『錦之裏《にしきのうら》』（寛政《かんせい》三年）に、全盛の花魁の部屋に妹分の振袖新造などが集まり、朝食をとる場面がある――。

遊女たちは、

「けさの惣菜《そうざい》はなんだ」

「たしか芋に油揚でござりィすョ」

「恐れるね」

「あやまりいす」

などと、口々に妓楼の惣菜に不平を言う。そして、台屋におかずの出前を頼む。

戯作『遊子娯言《ゆうしごげん》』（文政《ぶんせい》三年）には、同じく朝食でおかずを頼む際の、台屋の品目が出ている。それによると「茹菜《ゆでな》に油揚、まぐろ、さんま、香香《こうこう》、海苔、鱈《たら》、煎《い》り豆腐《どうふ》」である。

だが、出前を頼むようなぜいたくができるのは全盛の上級遊女と、その妹分の新造だけだった。

残り物をひそかに確保

多くの下級遊女や禿は、夜の宴席に出た肴《さかな》の残りや、硯蓋《すずりぶた》の残り物などをひそかに隠しておいて、翌日の朝食や昼食のときに小鍋で煮たりして食べた。

戯作『遊子娯言』には、遊女が袋戸棚に隠しておいた刺身を取り出し、火鉢の炭火の上にのせた金網で焼き、七色唐辛子を振りかけておかずを作る場面もある。

こうして栄養補給をしないかぎり、妓楼が出す粗末な食事だけではとても体がもたなかった。

昼食と夜食

昼見世が七ツ（午後四時ころ）に終わり、夜見世が始まる暮六ツまでの自由時間におそい昼食をとった。妓楼によってはとくに夕食は準備せず、一日に二食というところもあった。

夜見世が始まってからは、遊女はのんびり夕食をとる暇はなかった。合い間を見て、階下におりてきて簡単な夜食をとるしかない。

枝豆やゆでた玉子も禿らはむかうの人とよびてかふらし
この狂歌《きょうか》は四ツ（午後十時ころ）過ぎの光景である。
枝豆やゆで卵を売る行商人を、禿が「むこうの人」と声をかけ、呼び止めた。遊女に命じられて夜食用に買うのであろう。吉原には深夜になっても食べ物の行商人が多数、行き交っていた。
いっぽう、金のない振袖新造や禿は残り物をあさるしかない。つぎのような川柳がある。

きの字やにいぢのきたない人だかり
朝見れバ枯野《かれの》のやうな台のもの

宴会が終わったあと、喜の字屋《きじゃ》（台屋）が持ち込んだ台の物《だいもの》に新造や禿が群《むら》がっている光景である。翌朝になって見ると、松竹梅などが飾られていた台の物は枯野のようになっていた。
左頁の絵は深夜、数人の新造が宴席の残り酒や料理をあさっているところである。

『昔唄花街始』（文化六年／国会図書館蔵）

◆髪型

時代により流行が変わる

最高位の遊女である太夫《たゆう》は、兵庫髷《ひょうごまげ》の一種の立兵庫《たてひょうご》という髪型に結った。立兵庫は吉原の格式を示す象徴でもあった。左頁に立兵庫の髪形を示した。

宝暦《ほうれき》期に太夫の位が消滅してからは立兵庫もいったん途絶え、島田髷《しまだ》や勝山髷《かつやま》が主流になっていくが、天明《てんめい》末になってから立兵庫も復活した。

その後、兵庫髷、島田髷、勝山髷はさまざまな変形を生みながら、一般の女性にまで波及していく。歌舞伎と吉原は男女の衣装や髪型、装飾品などの流行の発信地になっていた。

なお、禿は奴島田《やっこしまだ》や針打《はりうち》などの独特な髪型に結った。

髪飾り

文化のころ、上級遊女は髪を島田に結い、大きな櫛《くし》を二枚、挿《さ》していた。簪《かんざし》は前後合わせて十六本を挿したが、略して前挿《まえざし》二本、後挿《うしろざし》六本のこともあった。ほかに、長い笄《こうがい》を挿す。二〇二頁の図に、髪飾りを示した。

『艶本為久春』（月斎峨眉丸／国際日本文化研究センター蔵）

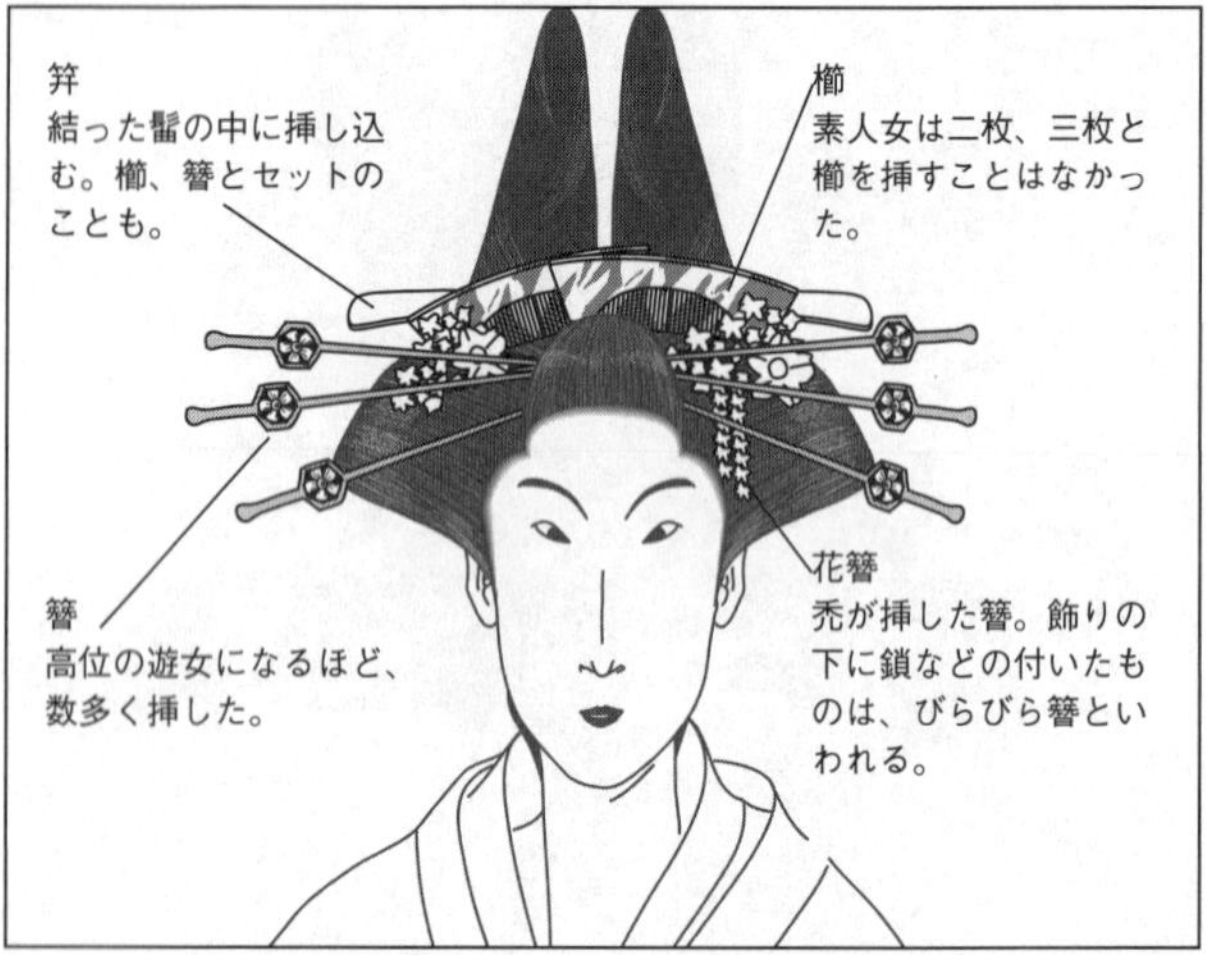
笄
結った髷の中に挿し込む。櫛、簪とセットのことも。
櫛
素人女は二枚、三枚と櫛を挿すことはなかった。
簪
高位の遊女になるほど、数多く挿した。
花簪
禿が挿した簪。飾りの下に鎖などの付いたものは、びらびら簪といわれる。

これら髪飾りは鼈甲《べっこう》や象牙《ぞうげ》製で、しかも精緻《せいみつ》な細工がほどこされており、高価だった。

吉原を描いた春画《しゅんが》では、客の男と情交している遊女はみな髪飾りをつけたままだが、これは春画独特の脚色である。

髪飾りをつけたまま頭を箱枕にのせたら、高価な簪や笄が折れてしまう。

そのため、布団に横たわるに先立ち遊女は髪飾りをすべて抜き取り、懐紙《かいし》に包んで禿にあずけた。

なお、花魁道中に従う禿は髪に、造花をつけたり金銀色の短冊《たんざく》をさげたりして豪華に作られた花簪《はなかんざし》を挿した。

◆衣装

ハレとケの衣装

豪華絢爛《ごうかけんらん》たる遊女のよそおいは多くの錦絵《にしきえ》や浮世絵《うきよえ》に描かれているが、これはいわばハレの衣装である。

遊女は妓楼で生活しているため、客がいないときはケの衣装だった。とくに振袖新造や禿は雑用をするため、日常はお仕着せの振袖を着ていた。

なお、素人《しろうと》の女は帯を後ろで結んだのに対して、遊女は前結びにした。この帯の結び方で遊女とわかる。

遊女が仲《なか》の町《ちょう》を花魁道中するとき、あるいは客に呼ばれて仲の町の引手茶屋に行くとき、飾り立てて盛装する。なかでも目立つのが打掛《うちかけ》であろう。打掛は帯を締めた上から羽織る着物で、下級遊女は着ることを許されなかった。

衣装は時代による変化が大きい。三二五頁の絵に描かれた元吉原時代の遊女のいでたちを見れば、時代がくだるにつれ、いかにぜいたくな衣装になったかがわかる。

戯作『損者三友《そんしゃさんゆう》』（寛政十年）に夏の日、引手茶屋にやってくる遊女の一行の衣装が描かれている――。

花魁は白練《しろねり》の下着をふたつ重ねにして、緋縮緬《ひぢりめん》の上着を着ていた。上着には黒糸で紋が刺繍《ししゅう》してある。萌黄地《もえぎじ》に金襴《きんらん》の帯を締めていた。

従う番頭新造や振袖新造はみな、黒の小緞子《こどんす》の帯を締めている。ふたりの禿は髪に、一尺ほどもある菊の糸細工の花簪を挿していた。

また、戯作『青楼籬の花《せいろうまがきのはな》』（文化十四年）に、花魁が客に呼ばれ、引手茶屋に行くところが描かれている——。

振袖新造が手伝い、身ごしらえにかかる。まず、花魁の着物の両褄《りょうづま》（裾端）をよくそろえ、細い腰紐《こしひも》で結ぶ。帯には扇《おうぎ》を縦にして入れる。道中をして引手茶屋に着き、二階座敷にあがって座るとき、腰紐をすばやく取って、新造が隠す。けっして客には見せない。

客と一緒に妓楼に戻るときは、遊女は両褄をつかんで歩く。

引手茶屋に向かう途中、ほかの引手茶屋から声をかけられることがあるが、花魁はそのまま行き過ぎた。そして、しばらく歩いてから、「あい」と返事をする。これは、すぐに返事をして振り向くと姿が崩れるからだった。

床着と御簾紙

床着《とこぎ》とは寝るときの衣装で、寝巻ともいう。戯作『青楼快談玉野語言《せいろうかいだんたまのごげん》』（文政五年）に、十九、二十歳くらいの遊女が客の寝床にやってくるときのいでたちが描かれている――。

紫縮緬《むらさきちりめん》と緋鹿子《ひがのこ》縮緬の額無垢《がくむく》の寝巻をまとい、浅黄《あさぎ》縮緬の扱帯《しごきおび》を締め、褄《つま》を取った手に御簾紙《みすがみ》の束を持っている、というもの。

男の目からすればゾクゾクするほどの婀娜《あだ》っぽさであろう。手にした御簾紙は事後処理用である。そんな光景が一七九頁や二一三頁の絵に示されている。

緋色の湯文字

素人の女が身に着ける湯文字《ゆもじ》（腰巻）は白か浅黄色だったが、遊女は緋縮緬を用いた。

二十八からふんどしが白くなり

という川柳は、二十八歳で年季《ねんき》が明けて素人になり、身につけるふんどし（湯文字）も緋色から白に変わったことを詠《よ》んでいる。

緋縮緬の湯文字は玄人《くろうと》の女の象徴でもあった。芸者が身に着ける湯文字もたいてい緋縮緬である。

河岸見世の遊女の衣装

表通りの妓楼にくらべると、河岸見世《かしみせ》の遊女は衣装もお粗末だった。

戯作『志羅川夜船《しらかわよふね》』(天明九年)に、西河岸《にしがし》の小見世の遊女が描かれている――。

ひとりは、かなり着古して金糸のすれた縫《ぬい》模様《もよう》の紫の打掛を着ていた。紋所は舞鶴《まいづる》。

ひとりは、もとの色は御納戸《おなんど》か、藍鼠《あいねずみ》か、浅黄か知れなくなった汚れた縮緬の小袖を着ていた。紋所は金糸で梅鉢《うめばち》。

ひとりは、大見世の仕着せから流れた振袖を着ていた。

衣装からも零落の身がわかる。下の絵は、身支度をする河岸見世の遊女を描いている。

『客衆肝照子』(天明六年/国会図書館蔵)

◆寝具と屏風

三つ布団

妓楼の夜具《やぐ》（寝具）は豪華だった。

とくに、上級遊女は三つ布団《ぶとん》である。つまり、敷布団を三枚、重ねて敷いた。「三つ布団で寝た」は花魁と同衾したことを意味しており、男の見栄だった。

二〇九頁の上の絵に、花魁の豪華な寝床が描かれているが、三つ布団なのがわかる。

下級遊女は二つ布団だった。河岸見世では布団は一枚である。

寝るときは布団の上に横たわり、上から袖のついた夜着《よぎ》（搔巻《かいまき》）をかけた。夜着は当時の掛布団であり、夜着を用いるのは遊里にかぎらず、武家屋敷や商家でも同じだった。

上級遊女の夜具は、江戸でも屈指の呉服屋である越後屋《えちごや》や大丸《だいまる》などであつらえた。

『世事見聞録《せじけんぶんろく》』（文化十三年）は、「夜具・布団にも五十両百両の入用懸《いりようかか》り……、夜具の百両は三百俵に当るなり」と、その高価さにあきれ、憤慨している。

本来なら遊女が負担しなければならないのだが、とてもそんな金はないため、馴染《なじ》み客に頼むことになる。

客に夜具を作ってもらったとき、大々的に披露した。まず、積夜具《つみやぐ》といって、見世先に飾る。その後、吉日をえらんで敷《し》き初《ぞ》めをした。

枕と枕紙

寝床には、ふたつ枕が並べて置かれている。

枕には必ず枕紙《まくらがみ》を敷いた。当時、男も女も髪油を用いていたため、油汚れを防ぐためである。

馴染み客が枕を作ってやるときには、自分と遊女の紋を蒔絵《まきえ》でほどこし、いわゆる比翼紋《ひよくもん》にした。

左頁下の絵では、枕のひとつが布団からはずれ、倒れてしまっているだけに、枕紙が敷かれているのがはっきりわかる。

屛風《びょうぶ》

屛風は寝床の必需品である。

割床《わりどこ》のとき寝床の周囲に屛風をめぐらすのはもちろんのこと、花魁の個室でも必ず寝床を屛風でおおった。左頁上の絵でも、手前に屛風があるのがわかる。

夜中、不寝番《ねずのばん》が行灯《あんどん》の油をつぎに部屋にはいってくる。用があって、禿や若い者が

『古能手佳史話』（英泉／天保七年／国際日本文化研究センター蔵）（上）と『艶本逢絵山』（歌川国芳／国際日本文化研究センター蔵）

部屋にはいってくることもあった。

部屋と廊下の仕切りは障子《しょうじ》、部屋と部屋の仕切りは襖《ふすま》で、しかも鍵がかからない。せめて寝床を屏風で隠し、不意に人が入ってきても情交している姿がまともに見えないようにしたのである。

遊女は客と寝るとき、脱いだ打掛や上着、解いた帯などは屏風にかけた。

◆独特の風習

お歯黒
江戸時代、女はみな結婚すると歯を黒く染めるお歯黒《はぐろ》という風習があり、子供ができると眉《まゆ》も剃《そ》るのが普通だった。

吉原の遊女は結婚していないにもかかわらず、突出し《つきだ》のあとは、お歯黒をする。映画やテレビの時代劇に登場する遊女は歯を黒く染めていないが、これは時代考証の誤りというより、現代人の美的感覚に合わせるためである。

遊女が「白歯になった」と言うときは、年季が明けて素人の女になったことを意味している。

なお、芸者や、岡場所の遊女はお歯黒はしなかった。

お歯黒では、鉄片を茶の汁や酢《す》のなかにひたして酸化させ、褐色《かっしょく》に濁《にご》った液を作る。この液に付子《ふし》の粉をつけ、歯に塗った。

吉原の周囲を取り巻くお歯黒どぶは、遊女がお歯黒をしたあとの液を捨てたために水が黒く濁り、その名がついたといわれている。

素足に上草履

吉原の遊女は冬でも足袋《たび》をはかない風習があった。白い素足をむき出しで見せるのが魅力とされていた。

とくに妓楼が足袋を禁止したわけではなく、素足を見せるのが遊女の「伊達《だて》」だったようだ。それが、いつしか慣習になったのであろう。

階段で足をすべらせて怪我をしないための配慮という説があるが、遊女以外の者は足袋をはくので、階段説はこじつけであろう。

いくら伊達といっても、足袋をはかないとやはり足が冷える。そのため、遊女は二階の廊下では上草履《うわぞうり》と呼ばれる分厚い草履をはいた。歩くとパタン、パタンと音がする。吉原の妓楼独特の音色《ねいろ》である。

夜がふけてから、廻しのために独り寝を余儀なくされている客は廊下に響く上草履の音を聞くたびに、いよいよ相方が来たかと胸をときめかせた。

左頁の絵に、御簾紙を口にくわえて廊下を行く遊女が描かれているが、足元は素足に上草履をはいているのがわかる。

まじない

遊女のまじないは、客をいかに引き寄せるか、いかにつなぎとめるかに関するものが多い。

戯作『商内神《あきないがみ》』（享和《きようわ》二年）に、待ち人のまじないが出てくる――。

紙で折った蛙《かえる》に思う客の名を書き、背中に針を刺して人目にふれない場所に隠しておく。客が来たときは針を抜き、蛙を水に流すというものである。

あいにく『商内神』では、その蛙がほかの客に見つかってしまうのだが。

そのほか、こよりで犬を作るものや、布に綿を入れて猿の形に作ったものを布団の隅にくくりつけて客をつなぎとめる「くくり猿」のまじないなどがあった。

除毛

陰毛を始末する、除毛の風習があった。毛じらみなどを防ぐ、衛生上の観点からであろう。

線香《せんこう》で焼き切ったり、毛抜きを用いたりしたが、生えてくるものだけに頻繁《ひんぱん》に除毛

『吉原遊廓娼家之図』（歌川国貞／国会図書館蔵）

をおこなわなければならなかった。
股《また》ぐらの還俗《げんぞく》をする二十八
という川柳は、二十八で年季が明けた遊女が、もう除毛をしなくなったことを詠《よ》んでいる。
還俗とは、一度出家した者がふたたび俗人に戻ること。出家のときは剃《そ》っていた頭も、還俗すれば髪をのばすようになる。

髪洗い日

当時は男女とも、髷《まげ》を結っていたため髪は滅多に洗わなかった。毎日の手入れは、櫛《くし》で丹念に梳《す》いて汚れを取る。
髪を洗うとなると大仕事だったが、その爽快感はなんともいえない。洗髪は楽しみでもあった。

戯作『総籬《そうまがき》』（天明七年）で遊女が楽しげに言う――。

「きょうは二十六日だね。うれしゅうおす。あしたは髪洗い日でおすよ」

妓楼ごとに髪洗い日が決まっていた。『総籬』のモデルとなった江戸町《えどちょう》一丁目の松葉屋は毎月二十七日が髪洗い日だった。

当日、妓楼は大騒ぎだった。大見世ともなると六、七十人の遊女がいっせいに髪を洗うため、使用する湯も大量である。奉公人たちは朝から大釜で湯を沸かし、準備に追われた。

金精神信仰

妓楼では内所の縁起棚や神棚に、隆々と勃起した陰茎を模した金精神《こんせいじん》を祀《まつ》った。由来ははっきりしないが、商売繁盛を願った風習である。毎日、金精神に燈明《とうみょう》をあげ、楼主はもちろんのこと、遊女や禿も拝礼した。つぎの川柳はこの風習を詠んでいる。

神仏の他に燈明を一つあげ

◆遊女の教養

読み書き教育
大身《たいしん》の武士や豪商、文化人などの上客をとりこにするには、たんに美貌だけでなく教養も欠かせない。

そのため、妓楼は抱えの遊女にいろいろな教養を身につけさせた。教養をつけさせることで、遊女としての商品価値を高めたのである。

とくに幼いころに売られてきた禿には手習《てなら》いをさせ、読み書きができるようにした。手習い師匠が妓楼に来て、禿に字を教えたのである。

貧農の家に生まれたり、江戸でも裏長屋に育てば寺子屋《てらこや》にかよわせてもらうなどできなかったはずの女の子も、妓楼で読み書きを身につけることができた。妓楼は遊女の手習いに力を入れたが、手紙が重要な営業手段だったからである。


けさ駕《かご》でかへりし客へほどもなく又かきおくるけいせいの文

という狂歌は、けさ駕籠《かご》で帰ったばかりの客に、傾城《けいせい》がさっそく手紙を書いているというもの。左頁の絵は、花魁が手紙を書いているところである。

このように遊女は客に手紙を送り、その心をつなぎとめようとした。

幅広い教養

遊女は吉原の外には出ることができないため、各種の師匠を妓楼に招き、出張教授してもらった。

その内容は書道《しょどう》、活《い》け花《ばな》、茶道《さどう》、和歌《わか》・俳句《はいく》、琴《こと》・三味線《しゃみせん》、囲碁《いご》・将棋《しょうぎ》にまでおよんだ。

戯作『春告鳥《はるつげどり》』（天保《てんぽう》七年）に、花魁の居室が描かれているが、活け花を貞松斎一《ていしょうさいいち》馬《ば》に習い、和歌は井上文雄《いのうえふみお》に師事していることがわかる。ともに、当時一流の師匠だった。また、部屋の隅には琴が二面、立てかけてあり、琴も弾《ひ》けた。さらに、『伊勢物語』や、『源氏物語』の注釈書である『湖月抄《こげつしょう》』、柳亭種彦《りゅうていたねひこ》著の『偐紫田舎源氏《にせむらさきいなかげんじ》』や『邯鄲《かんたん》諸国物語』が置かれ、愛読しているらしい。

その教養が並々ならぬことがうかがえよう。

遊女評判記『傾城觽《けいせいけい》』（天明八年）には、六軒の妓楼の合わせて二十九名の遊女の品定めがなされている。それぞれの得意な分野は、
松葉屋瀬川　書、茶、和歌、香《こう》、琴

『新板錦絵当世美人合』（歌川国貞／文化末頃／都立中央図書館特別文庫室蔵）

丁子屋唐琴《からこと》　琴、香、画
扇屋滝川　茶、琴、香、碁、双六《すごろく》
扇屋湖光　茶、書、琴、三味線、香
などと紹介されている。

◆性の秘伝と手練手管

床上手に仕込む

売れっ子になる遊女の条件として、『部屋三味線《へやさみせん》』（寛政年間）は、「一に顔、二に床《とこ》、三に手」をあげている。

一の「顔」は美貌のこと。

二の「床」は、寝床での性のテクニック。男を悦ばせる性技である。

三の「手」は、手練手管《てれんてくだ》のことで、泣いてみせたり、切々と訴えてみたり、拗《す》ねてみせたり、妬《や》いてみせたり、甘えてみたりである。

同書は深川の遊里を舞台にしているが、遊女の条件であることは同じであろう。

顔は生まれつきだが、床と手は仕込むことができる。楼主の女房や遣手、先輩格の遊女が手取り足取り、ことこまかに伝授した。とくに、床には吉原の遊女ならではの秘技や秘伝があり、いわゆる「床上手《とこじょうず》」に仕込んだ。

吉原の具体的な性技に関する史料はないが、大坂の公許の遊廓新町《しんまち》を舞台にした『色道諸分難波鉦《しきどうしょわけなにわどら》』（延宝《えんぽう》八年）で、遊女が言う――。

「其時《その》、ゆすり持ちとて、いかにも尻《けつ》を締《しめ》て、わが身を左右へゆり廻《まわ》しさします。尻をしむれば、玉門しまる故《ゆえ》により……」


肛門を締めることで膣を締める性技を会得《えとく》していたことがわかる。こうした訓練は当然、吉原でもおこなわれていたであろう。禿の時期から修練を積ませることで、いわゆる名器に仕立てたのである。

春本『絵合錦街抄《えあわせきんがいしょう》』（文化十二年）で、大身の武士が花魁と正常位で交わりながら、

「アア、もっときつく持ちあげてくんな。おまえは誠の上開《じょうかい》、いいともなんとも言いようがない名開《めいかい》だ」

と、感激している。

上開と名開は名器のこと。花魁の卓越した性技に武士はあえなく陥落したといおうか。その妙味は世に聞く上開に感じられたのである。

感じるのは恥

男を感激させるような性技を習得させるいっぽうで、妓楼は「感じるのは遊女の恥」と教え込んだ。

遊女にとって客との性行為は仕事である。しかも、一日に何人もの男を相手にしなくてはならない。客との房事《ぼうじ》で本気で感じていたら疲れてしまう。そこで、心理的な不感症に仕立てたのである。

『色道諸分難波鉦《しきどうしょわけなにわどら》』（延宝八年）に、

「勤める身が、常の女の様に、会う人会う人に精《せい》を洩《も》らして、続くものではござんせねども」

とあり、遊女は多数の男を相手にしなければならないため、素人の女のように性行為のたびに絶頂を感じていてはとても体が続かなかった。

『部屋三味線』にも、

「ほんに合《あう》は勤《つとめ》をするものの恥だと申しやすが、女のあさましさに、ついとっぱずしそうになる時、紛《まぎ》らかすが法《ほう》サ」

とあり、つい感じそうになったら、それをやり過ごす方法もあった。

さらに、昭和の吉原を描いた『吉原はこんな所でございました』に、おばさんが遊女に教訓する場面がある——。

「とくに床惚《とこぼ》れってのは大事だから、お床上手《とこじようず》になって、お馴染みさんをたくさんつくって、うんと稼ぐようにしなくちゃいけないよ。お客に惚《ほ》れちゃいけないのと同様に、お客と一緒にいい気分になってはいけない。いちいちいい気分になっていては身体がひとたまりもないし、あとの始末ができなくなる」

「おばさん」は江戸時代の遣手に相当する。遊女は本気で感じてはいけないという教えは昭和の吉原にも受け継がれていた。

ただし、遊女がまったく冷静だったら客の男もしらけてしまうので、おおいに感じているふりをして相手の興奮をそそった。要するに演技である。

京都の公許の遊廓島原《しまばら》を舞台にした戯作『けいせい色三味線』（元禄《げんろく》十四年）に、乱れて見せる演技が記されている――。

床《とこ》での虚啼《そらなき》、目付かすかにして、結髪《ゆいがみ》の乱るるもおしまず、枕はずして足の指をかがめ、両の手にて男をしめつけ、息づかいあらく……

まさに迫真の演技といおうか。こうした遊女の反応を見れば、客の男はころりとだまされたであろう。

演技のなかでもとくに重要なのが泣くこと、つまり、よがり声をあげることだった。

戯作『娘太平記操早引《むすめたいへいきみさおはやびき》』（天保十年）に、

「娼妓衆《じょうろし》なんどは泣くというと、お客が沢山《たんと》あると言いますから」

とあり、派手によがり声をあげる遊女は人気が高まった。客は自分が女を「いかせた」と思い込み、自惚《うぬぼ》れたのである。

屏風一枚でへだてられただけの割床《わりどこ》では遊女の淫声は筒抜けだったが、男としては対抗意識もある。隣の寝床で遊女がよがり声をあげていれば、客は自分もと張り切る。遊女はそんな男の心理を見抜いて、こちらも派手に淫声を発してやった。こうして、相乗効果で客の淫心をたかぶらせたといおうか。

春本『願《ねが》ひの糸《いと》ぐち』（寛政十一年）で、「床で泣く」という噂《うわさ》の遊女と情交しながら、客の男がしみじみ述懐する――。

「人の噂にやァ、ぬしは床で泣くということだが、この開《ぼぼ》の味のいい上に、泣かれちやァ、たまらねえ」

開は女性器のこと。遊女はせつなく甘いよがり声をあげるので有名だった。そんな噂を聞いて、男は淫心をたかぶらせて登楼したのである。

よがり声は演技なのだが、男は気づくはずもない。あとで友人たちに得意げに自慢したであろう。

また、遊女は客にできるだけ早く終わらせるように秘技をつくした。これも、長引くと疲れるからだった。大正末期の吉原を描いた『春駒日記《はるこまにっき》』に、「おいらんの一番いやがるのは、しつっこい客です。これが何よりつらいのです」と、遊女の本音が述べられている。多数の客を相手にしなければならないだけに、遊女はできるだけ早く終わらせたかった。

手練手管

大坂の新町遊廓を舞台にした戯作『傾城禁短気《けいせいきんたんき》』（宝永《ほうえい》八年）で、先輩格の遊女が若い遊女に「色道の奥義《おうぎ》」、つまり手練手管の数々を伝授する。吉原でも事情はまったく同じだった。

俗に「女郎《じょろう》の実《まこと》と玉子《たまご》の四角《しかく》、あれば晦日《みそか》に月が出る」といわれた。太陰暦《たいいんれき》の当時、月末は闇夜である。遊女の言葉に真実がないことのたとえに用いられた。

年季が明けたら夫婦になる約束を遊女が三人の男と取り交わす、『三枚起請《さんまいきしょう》』という落語がある。嘘《うそ》には違いないが、遊女の側からすれば「本気にするほうが馬鹿《ばか》」となろう。

効果的な嘘のつき方も手練手管のひとつとして、先輩格の遊女から若い遊女に伝授された。幼いころから妓楼で生活している禿は遊女の言動を見聞きするなかで、自然と覚えていったであろう。戯作『四季の花』(文化十一年)は禿についてこう書いている——。

子供心にも姉女郎の手管を見習い、または内緒の使いなどして、色客《いろきやく》の口舌魂胆《くぜつこんたん》を覚え、いつとなく、おのずから恋の道をわきまえ、一人前の女郎となる。

左頁の絵は春本『咲本魂胆枕《えほんこんたんまくら》』の一場面だが、情交を終えたあと、遊女は客にこうささやいた。

「恥ずかしいことでありんすが、マア、このようなことは、わたしゃありんせん」

つまり、「おまえさんとの情交で初めて絶頂を感じた」と打ち明けているのだ。

もちろん嘘なのだが、客は狂喜したであろう。こうした手練手管に迷い、吉原にのめりこんでしまう男は少なくなかった。遊女の手練手管にかかれば、自惚《うぬぼ》れの強い男ほどいちころだった。

『咲本魂胆枕』（北尾政美／天明六年頃／国際日本文化研究センター蔵）

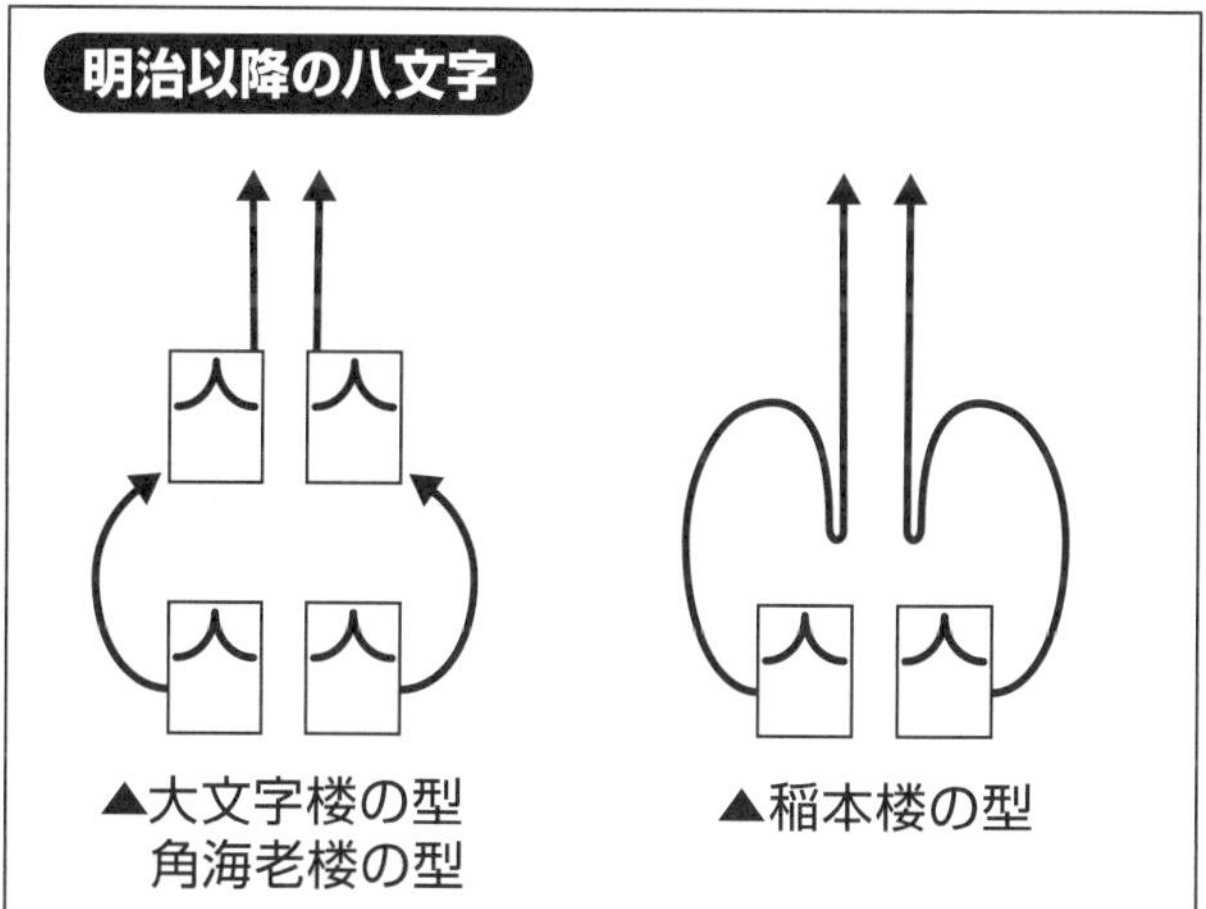

◆八文字の稽古

最初は内八文字だった

花魁道中では高い下駄をはき、外八文字《そとはちもんじ》という独特な歩き方をする。

もともと、京都の島原遊廓で内《うち》八文字という歩き方がなされており、吉原もそれにならっていたが、勝山髷《かつやままげ》で知られる遊女勝山が外八文字という歩き方を始めたのをきっかけに、吉原は外八文字になった。

外八文字は内八文字よりも活発な歩き方とされる。

花魁道中のときは頭に髪飾りをたくさんつけ、着物は重ね着しているため、かなりの重量となった。稽古をしなくては、八文字を踏む歩き方など、とてもできるものではなかった。

楼主の女房、先輩の遊女や遣手から手ほどきを受け、妓楼の中庭や二階の廊下で稽古をした。二四六頁の絵に廊下で稽古をする光景が描かれている。

明治以降の八文字

明治三十三年（一九〇〇）生まれの歌舞伎役者中村芝鶴《なかむらしかく》は、養母が江戸町一丁目の大文字楼《だいもんじろう》の娘だったことから、幼いころから吉原に出入りしていた。

中村芝鶴の著『遊廓の世界』に、実際に見聞した八文字の踏み方が出ている。それによると、大文字楼は二枚歯の下駄、角町《すみちょう》の稲本楼《いなもとろう》は三枚歯を用いた。

八文字の踏み方は、大文字楼と京町《きょうまち》の角海老楼《かどえびろう》は同じ、稲本楼は異なっていたという。二二五頁の図に、ふた通りの八文字の踏み方を示した。

◆女の生理

避妊

コンドームのような避妊具や、ピルのような避妊薬もなく、また排卵日と妊娠に関する知識もなかったため、避妊はほとんど迷信に頼っていた。

体調の悪いときのほか、避妊のためにも灸《きゅう》をおこなった。臍《へそ》の下にあるツボが避妊に効果があるとされており、とくに二月二日は一年でもっとも灸が効くという言い伝えがあったことから、遊女はこの日はみな灸をすえた。

そのほか、避妊のために詰め紙をした。行為にさきだち、御簾紙《みすがみ》を口のなかで嚙《か》んで丸め、膣の奥に押し込んでおくというものである。

また、行為のあとは必ず階下におりて便所で排尿し、風呂場の桶《おけ》に汲《く》んだ湯で陰部を洗った。

しかし、灸も詰め紙も、排尿と洗浄も避妊法としては不完全なものだった。

月経

便利で衛生的な生理用品がなかったのは、素人の女も遊女も同じだった。処置としては、折りたたんだ御簾紙《みすがみ》を局部にあて、男がするふんどし状の月経帯を締めた。馬の腹帯に似ていたことから、この月経帯を「おうま」「おんま」とも言った。

俗に「月役七日《つきやく》」といい、夫婦間であっても月経になると七日間は房事をつつしむ風習があった。もちろん、みなが必ず遵守《じゅんしゅ》していたとはかぎらない。

遊女のあいだで月役七日が守られていたかどうかははっきりしないが、妓楼が七日間も休業を認めるはずがない。もっと短かったであろう。深川《ふかがわ》の遊里などでは休みは二日間だけだった。鍋墨《なべずみ》を飲むと月経が早く終わると信じられていたため、鍋の底の煤《すす》を湯で溶いて飲む遊女もいた。

大正末期の吉原を描いた『光明《こうみょう》に芽《め》ぐむ日』には、月経になっても休むのを許されず、懐炉《かいろ》を腹部にあて、あたためて痛みをやわらげるつらさが記されている。また、海綿を用いたこともうかがわれる。大正期ですらこんな状態だった。江戸時代の遊女はもっとつらかったであろう。

なお、月経のことを隠語で行水《ぎょうずい》といった。

『青楼娭言解《せいろうきげんかい》』（享和二年）に、客が遊女に、

「今夜は行水とはいわせねえ」

と、鼻息荒く迫る場面がある。

前回、遊女は「急に行水になりいぃしたので」と言って、客の要求を断わったのであろう。今夜こそはと、客は意気込んでいる。

◆新造・禿のしつけ

禿をしつける

遊女や遣手がおもに禿のしつけを担当した。妓楼という特殊な環境で育てられるとはいえ、やはりまだ子供である。禿同士のいさかいはしょっちゅうだった。

戯作『客物語』（寛政十一年）で、禿が喧嘩《けんか》をして廊下で泣きわめいているのを見て、遣手が叱りつける――。

「コレ、この餓鬼《がき》めらは何をしやァがる。エエエモ、言っても言っても、聞かねえやつらだ。俺が気がいいから、なおつけあがりやァがってからに。うぬらァ、うぬ、どうするか見やァがれ。ソレ、きりきり、うしやァがらねえか」

その言葉は、とても女とは思えない。遣手のきびしさがわかろうというものである。

楼訓を唱和

文政（一八一八～三〇）のころ、京町一丁目の若松屋では朝食の前に、新造と禿が一階の神棚《かみだな》や仏壇《ぶつだん》に向かって勢ぞろいし、楼訓《ろうくん》を唱和《しょうわ》した。その楼訓の内容が『兎園《とえん》小説《しょうせつ》』に掲載されている――。

新造と禿はこう唱えた。

「廊下で騒ぎますまい、つまみ食いいたしますまい、寝小便いたしますまい、お客人を大切にいたしましょう、悪いことをいたしますまい」

これを受けて、楼主の女房が言った。

「火の用心、火の用心、大切は、大切は。上々様方《うえうえさまがた》へご奉公《ほうこう》、ご奉公。お客人さま大切は、大切は。わいらが親を孝行《こうこう》にして、やったかわりの奉公だぞ。よろしい。行って、御供《ごくう》をいただけ」

「おありがとう存じ奉《たてまつ》ります」

こうして、ようやく御供、つまり朝食になる。

この若松屋の習慣を聞いた人が、女房の「わいらが親を孝行にして、やったかわりの奉公だぞ」の意味がわからないため、問い合わせた。

返答は、つぎのようなものだった。

「苦界《くがい》に身を沈めて親を楽にしてやったのだから、親孝行である。その親孝行ができるのは、誰のおかげか。すべて、楼主のおかげではないか。だから、楼主の言いつけを守り、奉公にはげまなければならない」

牽強付会《けんきょうふかい》といおうか、我田引水《がでんいんすい》といおうか。

それにしても、つまみ食いや寝小便を戒《いまし》めていることなどから見ても、新造も禿もまだ子供だったことがわかる。

遊女言葉

吉原の遊女は「ありんす（～でございますの意）」言葉が有名である。

遊女は地方の農村出身者が多かったため、言葉の訛《なまり》を隠すため独特のありんす言葉が生まれたと言う説があるが、時代の変遷や妓楼ごとの違いもあり、遊女がみな「ありんす」と口にしていたわけではない。

吉原の遊びを活写した洒落本では、遊女はもっぱらつぎのような言い方をしている。

「ありいす」「ありいせん」

「おざんす」「おざんせん」

「おざりいす」「おざりいせん」

「ござんす」「ござんせん」

「おす」「おっせん」

また、左頁のような独特の隠語があった。

◆自由時間

部屋で過ごす

起床してから昼見世が始まるまでの約二時間と、昼見世が終わってから夜見世が始まるまでの約二時間は自由時間でもあった。

戯作『吉原談語《よしわらだんご》』（享和二年）に、七ツ（午後四時ころ）過ぎの大見世の花魁の部屋が描かれているが、新造や禿がせっせと片付けをしているそばで、花魁は布団の上で新作の戯作を読みふけっていた。かたわらでは、朋輩《ほうばい》の花魁が床柱にもたれ、三味線を爪弾《つまび》いている、というけだるい光景である。

二三五頁上の絵に自由時間の遊女の生態が描かれているが、遊女のひとりは客から届いた手紙を読んでいる。そのかたわらで、禿の髪を結ってやっている遊女の髪を、

遊女の隠語

いやなこと	⇒	好かねえ
やきもちを焼く	⇒	甚介（じんすけ）
月経	⇒	行水（ぎょうずい）
惚れた男	⇒	いいひと
坊主（ぼうず）	⇒	げんさん
田舎の人	⇒	旅人衆
妓楼の若い者	⇒	ぎゅう
茶屋の若い者	⇒	消炭（けしずみ）
女衒（ぜげん）	⇒	判方（はんかた）
文使い	⇒	便り屋どん
ふたりで楽しめ	⇒	おしげりなんし
買ってくる	⇒	とってくる
腹の立つ	⇒	じれったい
つまみ食い	⇒	げびぞう

『傾城三略巻』（慶応元年）より

べつな遊女が櫛《くし》で梳《す》いてやりながら、

「どんな手紙でありいすえ」

と、たずねているかのようだ。

手紙の内容を知りたがるのは、みなそれぞれの馴染み客や、いざこざなども知っているからだった。

いっぽう、左頁下の絵では遊女が三味線の稽古をし、廊下では禿がふざけ合っている。自由時間ならではの光景だった。

商人の相手

売り込みに来る小間物屋や呉服屋、貸本屋などの相手をするのは楽しみでもあった。

なお、商人が二階座敷にあがるのは固く禁じられていたため、遊女は一階におり、そこで商人と会った。

昼の張見世

昼見世の時間帯は比較的ひまだったため、張見世に出ながら雑談をしたり、本を読んだり、客に手紙を書いたりして過ごした。双六《すごろく》やカルタなどをして遊ぶこともあった。もちろん、格子《こうし》越しに男たちの視線を浴びながらである。そんな光景が一五七頁

『令子洞房』（天明五年／国会図書館蔵）（上）
『吉原傾城新美人自筆鏡』（天明四年／国会図書館蔵）（下）

の絵に描かれている。

通りかかった易者《えきしゃ》を呼びとめ、格子越しに運勢を占ってもらうのも昼見世のときである。

信仰

自分では神社仏閣に参詣することができないため、遊女はもっぱら吉原内の九郎助《くろすけ》稲荷《いなり》に願《がん》かけをした。その願いのほとんどは、「早く苦界から抜け出せますように」というものであったろう。

そのほか、代参を頼むこともあった。戯作『錦之裏』（寛政三年）に、遣手と遊女の会話がある――。

「きのうは、モウ、おおきにくたびれましたよ」

「ほんに、堀《ほり》の内《うち》さんは、にぎやかでおざんしたかえ」

「アイ、納手《おさめ》ぬぐいは、すぐに懸《か》けさせて参りましたよ」

「そりゃあ、もう、おかたじけのうおざんした」

と、遊女が礼を述べる。

「堀の内さん」は「お祖師《そし》さま」とも呼ばれ、現在の東京都杉並区堀ノ内にある日蓮《にちれん》宗《しゅう》妙法寺《みょうほうじ》のことである。厄除《やくよけ》で知られ、江戸市民の信仰を集めた。「堀の内に行く」は妙法寺に参詣することを意味するくらいだった。

妙法寺に参詣する遣手に頼み、遊女は手ぬぐいを奉納してもらったのである。
神社仏閣の顔や手を清める水屋に、妓楼名と遊女名を染出した手ぬぐいを奉納する風習があった。信仰と同時に宣伝でもあった。

面会人

妓楼に母親などが訪ねてくることがあった。午《うま》の時（正午ころ）の吉原を詠んだ狂歌、

はなし声おや〳〵はけいせいにあひにこし路《じ》の親にこそあれ

は、「おや、おや、おや」の声は、傾城《けいせい》に会いにきた腰の曲がった親であろう、の意味である。
ただし、親がわざわざ会いにくるときは、ろくなことがなかった。たいていは、日照り続きで年貢《ねんぐ》が納められないとか、誰それが病気になったとかの理由で、娘に金をせびった。

遊女に売ったあとも、娘を喰いものにする親は少なくなかった。

◆金策

絶えない金の苦労

「吉原の花魁は金銭には手もふれなかった」という説があるが、往時の全盛の太夫《たゆう》に見られた気位《きぐらい》と鷹揚《おうよう》さであろう。遊女が金銭に恬淡《てんたん》としていたなどは伝説や幻想に過ぎない。

遊女は住み込みで働いており、原則は衣食住が保証されていたが、実際にはいろいろな金がかかった。

衣装や寝具、髪飾りも新調しなければならないし、日々の化粧品や髪油なども買わねばならない。個室の畳を替えるのも遊女が支払わなければならなかった。冬の暖房用の炭代も自腹である。出前を取るにも金がかかるし、お針《はり》に縫《ぬ》い物を頼めば心付けを渡さなければならない。遣手や若い者への心付けも欠かせなかった。なまじ出世をすれば、妹分の新造や禿の面倒も見なければならない。

戯作『傾城買四十八手《けいせいかいしじゅうはって》』（寛政二年）で、客から床花《とこばな》で三両をもらった遊女が胸算用する――。

まず遣手に借りた一両を返し、二分は小間物屋の内金に渡し、二朱は貸本屋の払い、一分は按摩《あんま》……

残りは一両と二朱でしかない。このように遊女は金の苦労が絶えなかった。必要な金は、手練手管を弄《ろう》して馴染み客から引き出すしかなかった。

口実は親の病気

遊女が客から金を引き出すときにもっともよく用いられたのは、「親が重い病気で、人参《にんじん》を買ってやりたい」という口実だった。

高価な朝鮮人参をダシに使ったのだ。

当時、親孝行が最高の徳目と考えられていたため、涙ながらに親孝行をしたいと訴えれば、ホロリとする男は少なくなかった。もちろん、なかにはうすうす嘘と察しながら、惚れた弱みで金を出してやった男もいたであろう。

質屋の活用

外見は華やかな花魁も、内実は苦しかった。切羽詰《せっぱつま》ると、質屋《しちや》に頼るしかない。春本『百鬼夜行《ひゃっきやぎょう》』（文政期）で、遊女が若い者に頼む——。

「これさ、まめどん。この中挿《なかざし》を伊勢甚《いせじん》へ持っていって、二分借りて来てくんな」

「そうは貸しませんよ」

「明日は請《う》けるといって借りて来《き》ねえな。そこがお前《めえ》の働きだ」

伊勢甚は揚屋町《あげやまち》の質屋であろう。中挿は笄《こうがい》のことだが、客に買ってもらったものかもしれない。翌日には請け出すからといって、二分借りてこいというのだ。現代の五万円くらいに相当する。

質屋への使いは、もっぱら若い者や禿の役目だった。

内所は金を貸したがる

正月が近づくと、遊女はその準備に頭を悩ませた。あれこれと、金がかかる。

とくに、着物の新調には大金がかかった。

戯作『閑情末摘花《かんじょうすえつむはな》』（天保十年）に、来年には年季が明ける遊女が、正月の用意に最低でも三十両はかかると嘆き、

「内証《ないしょ》（所）でも金を貸したがって、やれこれと言いますけれど、私《わち》きやァ我慢して些《ちっと》も借りまへんわ」

と、述べる場面がある。

楼主は遊女に金を貸して、その借金をふくらませ、年季をのばす算段なのだ。

遊女も楼主の思惑《おもわく》を察して、借金を断わり、妓楼で過ごす最後の正月をどうにか乗り切るつもりである。

◆廓の掟

内部の性は禁止

妓楼の若い者は、自分が奉公している妓楼の遊女と性的関係を持つのは固く禁じられていた。さもないと、妓楼の秩序がたもてなくなるからである。この禁令を破ると、手ひどい制裁を受け、若い者は吉原から放逐《ほうちく》され、遊女はほかの妓楼に鞍替《くらが》えされた。

このため、若い者はもっぱらコツ（小塚原《こづかっぱら》町の遊里）で女郎買いをした。揚代が安かったし、吉原から近かったからでもある。

楼主も、抱えの遊女と関係を持つのは禁じられていた。新造の突出《つきだ》しに際して水揚《みずあげ》があるが、このときも楼主がすることはなかった。

しかし、男と女であり、ひとつ屋根の下で生活している。そもそも淫蕩《いんとう》な雰囲気が充満した環境であり、酒宴など気がゆるむ場面も多い。間違いはあとを絶たなかった。

ふたりは裏茶屋《うらぢゃや》や、妓楼内の行灯《あんどん》部屋などでひそかに忍び逢った。

『回談情の山入』（菊川英山／国際日本文化研究センター蔵）

上の絵は、物置で忍び逢い、情交する花魁と若い者である。こうした密会はけっして絵空事ではなかった。

芸者の掟

町芸者が客と寝るのは常識だったが、吉原の芸者（内《うち》芸者、見番《けんばん》芸者ともに）は客と寝るのを禁じられていた。

しかし、『新吉原町定書《しんよしわらちょうさだめがき》』は、一部の引手茶屋で「女芸者共《ども》、客相対《あいたい》など申成《もうしな》し」、「遊女屋渡世之障《とせいのさわ》り」になっている——と指摘して、戒《いまし》めている。

つまり、引手茶屋で客と芸者が忍び逢《あ》っているというのだ。客が引手茶屋で女郎買いならぬ、芸者買いをしていたことがわかる。

こんなことをされては、妓楼の商売

はあがったりである。

吉原の芸者は客と寝ないはあくまで建前《たてまえ》で、ともすれば掟《おきて》が破られる傾向があった。

◆情男

遊女の生きがい

遊女が真に惚《ほ》れた男が情男《いろ》である。間夫《まぶ》ともいった。

多くの男に身を任せなければならない境遇だけに、遊女は真の恋愛にあこがれていた。「客に身体は許しても心は許さない。心を許すのは情男だけ」という心意気である。

情男が金詰りになれば、自分の借金にして登楼《とうろう》させることまでした。

戯作『春告鳥』（天保七年）で、事情があって登楼できなくなった鳥雅《ちょうが》という情男について、花魁がしみじみと語る――。

「まァ、お聞きなんしョ。また言うようざますが、鳥雅さんが相変わらず来ておいでのことならば、そりやァ、もう、どんな取りにくい、嫌《いや》な人でもつらい客人でも、きっと辛抱《しんぼう》して取って、その代わり、恥ずかしいことざますが、鳥さんで心を晴らして、嫌な客人の取り返しをして、それを楽しみに苦界の月日を立たせとうざますわ」

日ごろは不感症に徹しているだけに、遊女は情男との情交のとき、身も心も解放して性を享楽したことがわかる。「間夫《まぶ》は勤めの憂《う》さ晴らし」という言葉があったが、情男との逢瀬《おうせ》の楽しみがあればこそ、遊女は嫌な客も我慢できたし、苦界にも耐えられたといえよう。

情男は遊女の心のささえであり、生きがいでもあった。遊女同士、情男との交情を打ち明け合って笑い、そして泣いた。

そのあたりの事情は妓楼も理解していたから、ある程度は大目に見ていたが、遊女が情男に夢中になり、ほかの客をおろそかにするようになると、情男の登楼を禁止し、遣手や若い者がきびしく遊女を監視した。

こうして仲を裂かれた遊女と情男の悲劇は戯作に多数、描かれている。心中《しんじゅう》に発展することもあった。

ヒモの情男も

男の側からすれば、吉原の遊女の情男になるのは最大の見栄だった。年季が明けたら所帯を持とうと約束し、情男を気取った。

なかには、遊女に金をせびる情男もいた。いわゆるヒモである。

だが、『古今吉原大全』（明和五年）に、

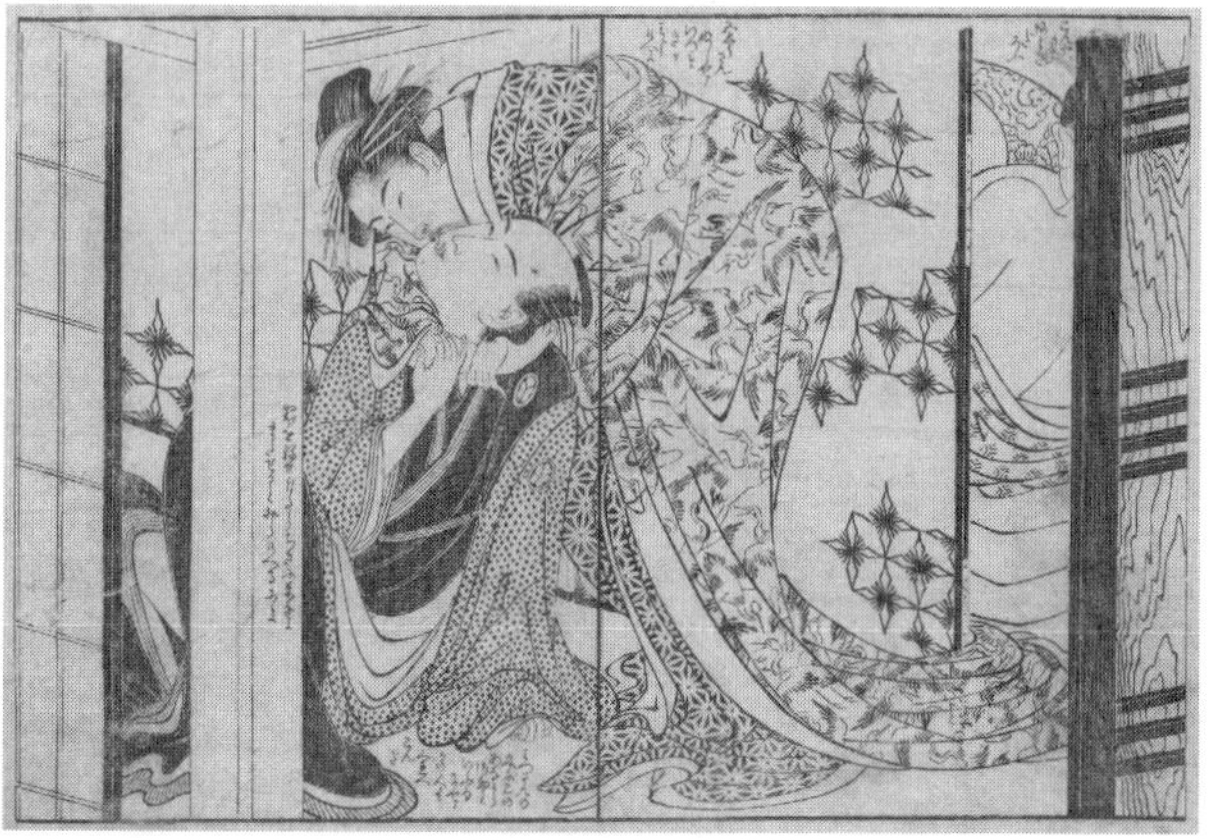

『艶本雙翼蝶』（鳥文斎栄之／寛永元年／国際日本文化研究センター蔵）

「その色をとげて夫婦になるものは決してなき事なり」

とあるように、年季が明けた遊女と情男が結ばれることはほとんどなかった。

遊女は舌先三寸でしばしば客を翻弄《ほんろう》したが、逆に遊女が男の甘言《かんげん》に弄《もてあそ》ばれることもあった。

その意味では、吉原はまさに男と女の駆け引き、だまし合いの世界だった。

上の絵は、客と同衾している遊女のもとに情男が忍んで来たところである。男の気配を察した遊女は客に言い訳をして、寝床から外に出てくると、屏風の外でささやき合う。

まさにスリル満点の恋愛遊戯《ゆうぎ》だった。

『全盛自筆三十六花撰 稲本楼妹染之助 妹薄衣』
（一恵斎芳幾／明治二年／都立中央図書館特別文庫室蔵）

第七章　吉原の暗黒

◆性病

吉原の暗黒面は多々あるが、根源にはつぎのふたつがあるであろう。

ひとつは、実質的な人身売買だったこと。女は自分の意思で遊女になったのではない。

もうひとつは、性病予防具のコンドームがなかったため、さらには性病に対する知識もなかったため、客の男と遊女はコンドームなしで平気で性行為をしていたことである。その弊害《へいがい》は大きかった。

性病の蔓延

江戸時代、来日したシーボルトやポンペなどの外国人の医師はみな、日本人のあいだに梅毒《ばいどく》（瘡毒《そうどく》）や淋病《りんびょう》などの性病が蔓延《まんえん》していることを指摘し、とくに梅毒が猖獗《しょうけつ》を極《きわ》めているのを憂《うれ》えた。

シーボルトはその著『江戸参府紀行《えどさんぷきこう》』のなかで、「日本でこんなに深く根を下ろしたこの病気」と述べ、医者として憂慮を示した。「この病気」とは梅毒である。

日本人の医者も憂えていた。

橘南谿《たちばななんけい》の著『北窻瑣談《ほくそうさだん》』にこうある。

「今にては遊女は、上品なるも、下品なるも、一統に皆黴毒《ばいどく》なきは無《な》く」

つまり、遊女は上品（吉原）も下品（岡場所、夜鷹など）もみな黴毒（梅毒）にかかっている、と。

南谿は医者で、各地を旅した紀行文でも知られ、文化二年に没した。

また、杉田玄白《すぎたげんぱく》は晩年の著『形影夜話《けいえいやわ》』（文化七年）で、自分が診療した梅毒患者は毎年七、八百人、延べ数万人に及んだと記している。

高名な蘭方医《らんぽうい》杉田玄白の診察を受けることができたのは少数派であろう。多くの人々は梅毒に罹患《りかん》しても、その場しのぎの漢方薬や民間療法で誤魔化していた。

いったん客の男に梅毒をうつされた遊女は、今度は自分が感染源となって次々とべつな客にうつす。その客は家で妻にうつす。こうして、遊女が媒介《ばいかい》となって梅毒がひろまっていった。

ほとんどの遊女が罹患

不特定多数の男と性交渉をするにもかかわらず、性病の予防具は用いなかったため、ほとんどの遊女が梅毒に罹患した。ほぼ百パーセントと言っても過言ではない。

しかも、いったん梅毒にかかると、抗生物質がなかったので、完治することはない。

漢方薬で痛みをやわらげるなど、その場しのぎの対症療法《たいしょうりょうほう》をおこなうだけだった。

梅毒は感染初期には局部に異常があり、髪が抜けるなどするが、しばらくすると潜《せん》伏《ぷく》期間にはいって、表面上は症状がおさまる。当時の人々は、これを治ったと考えた。

また、いったん治ると、もう二度とかからないと考えた。

梅毒にかかって寝込むことを、「鳥屋《とや》につく」と言った。髪が抜けるのを、鷹《たか》が夏の末から脱毛して冬毛に生え変わる様子にたとえたのである。

鳥屋についた女を歓迎

いったん鳥屋についた遊女が回復すると、もう二度と梅毒にはかからないとして歓迎された。鳥屋から回復して、ようやく一人前の遊女になったと考えたのである。

戯作『傾城禁短気《けいせいきんたんき》』（宝永《ほうえい》八年）に、こんな記述がある――。

すべて勤めをする女、鳥屋《とや》をせざる中《うち》は、本式の遊女とせず。いずくの色商売《いろしょうばい》する方に抱《かか》ゆるにも給金安し。鳥屋を仕舞《しも》うたる女は本式の遊女とて、給金高く出し、召《めし》抱《かか》えて重宝しぬ。

言い方を変えれば、梅毒に罹患《りかん》した女のほうが、罹患していない女よりも遊女としての価値が高かったのである。誤解と無知が背景にあるとはいえ、戦慄《せんりつ》すべき慣例である。

いっぽう、戯作『部屋三味線《へやさみせん》』（寛政年間）では、鳥屋についた遊女を年長の遊女が見舞い、こうはげます。

「気をしっかりと持ちねえナ。怠《なま》けたこっちゃァ、いかねえによ。そのかわり、こんだ、病《や》みぬいてしまうと、おそろしく達者になって、どんな湿《しつ》ッかきでも瘡《かさ》ッかきのお客をとっても、うつる気づかいはないのさ」

当時の庶民や遊女の医学知識がいかに貧弱だったかがわかろう。「湿ッかき」も「瘡ッかき」も、ともに梅毒のことである。

いったん梅毒になると、もうどんな客を相手にしても二度と性病になることはないから安心しろと激励しているのだ。

鳥屋について回復した遊女はその後、商売に復帰してどんどん客を取った。

淋病の薬を遊女が手製

遊女が性病の淋病の薬を手作りし、馴染み客に提供するサービスがあった。

薬の製法は妓楼ごとの秘伝だったが、戯作『錦之裏』（寛政三年）に、作者の山東《さんとう》京伝《きょうでん》が吉原の花魁から教えられた淋病の薬の作り方が記されている。それによると各種の薬草を煎《せん》じ、女の陰毛三本を黒焼きにしたものをくわえるという。

多少は痛みなどをやわらげたかもしれないが、もちろん気休めであり、淋病が完治するわけではない。陰毛の黒焼きにいたっては苦笑するしかない。

こうした怪しげな民間療法で痛みなどの症状を抑えながら、客も遊女も平気で性病の予防具なしの性行為をおこなっていたことになる。

悲惨な末路

有効な薬がないため、梅毒が進行した遊女の末路は悲惨だった。『世事見聞録』（文化十三年）は、つぎのように書いている――。

身心労《つか》れて煩《わずらい》を生じ、または瘡毒《そうどく》にて身体崩《くず》れ……、とても本復せざる体なれば、さらに看病も加えず、干殺《ほし》し同様の事になり、また首を縊《くく》り、井戸へ身を投げ、あるいは咽《のど》を突き、舌を噛《か》むなどして変死するもあり。

自分の顔や体が崩れていくのを見て、世をはかなんで自殺する遊女も少なくなかった。

なお、梅毒の末期症状の人々を描いた史料はほとんどないが、あまりに悲惨だったため人目にふれなかったことがあろう。さらに、当時の平均寿命の短さも関係しているであろう。

性病は一般に進行がおそい。梅毒の末期症状になる前に、多くの遊女はほかの病気を併発して死んでいたのだと思われる。

◆妊娠と堕胎

戯作『ふたもと松』（文化十三年）に、

「勤《つと》めあがりは、できいせんと申しいす」

戯作『春色梅児誉美《しゅんしょくうめごよみ》』（天保三～四年）に、

「女郎衆はマア、十人が九人、めったに小児《こども》は産まねえから」

とある。勤めあがりは元遊女のこと。

多くの遊女は荒淫《こういん》と性病のため、妊娠しにくい体質になっていた。しかし、避妊法はせいぜい詰め紙をする程度の不完全なものだったため、妊娠することもあった。

妓楼にとって、遊女に妊娠されるのは痛手だった。その間、稼げなくなるし、商品価値もさがる。

遊女が妊娠したのがわかると、妓楼は中条流《ちゅうじょうりゅう》の堕胎医《だたいい》を呼んで堕胎させた。

現在の妊娠中絶手術にくらべると粗雑《そざつ》な方法であり、たとえ堕胎に成功しても、体調をくずす遊女は多かったであろう。失敗して死亡する例も少なくなかったに違いない。

全盛の花魁が妊娠したときは大事をとって、寮《りょう》（別荘）で出産させることもあった。妓楼に赤ん坊がいては営業上の支障になるので、生まれた子供はたいてい里子《さとご》に出された。

女の子のなかには、禿《かむろ》として育てられる者もいた。長じてからは遊女になる運命である。

◆病気

寮で出養生
粗食《そしょく》と不摂生《ふせっせい》な生活をしながら毎日多くの男に接するため、体調をくずし、病気にかかる遊女は多かった。しかし、滅多に休むことは許されなかった。
全盛の花魁や、稼ぎのよい遊女が病気になったときは、妓楼も医者を呼んで治療をさせた。
しばらく静養させたほうがよいとなれば、身のまわりの世話をする振袖新造や禿をつけ、浅草今戸町《いまどちょう》や金杉村《かなすぎむら》にある寮に出養生《でようじょう》をさせた。もっとも、出養生の費用は最終的に遊女が支払わなければならなかった。

稼ぎの悪い遊女は放置

すでに盛りを過ぎた遊女や、稼ぎのよくない遊女の場合、薄暗い行灯《あんどん》部屋などに放り込み、ろくに薬もあたえずに放置しておいた。まるで、さっさと死んでしまえといわんばかりの冷酷さだった。

いよいよ死期が近いとなると、実家に知らせて親を呼び寄せた。

楼主《ろうしゅ》は親に向かい、

「年季証文《ねんきしょうもん》は返してやるほどに、家に連れ帰って、死水《しにみず》を取ってやりなせえ」

などと、恩着せがましく残りの年季を破棄してやった。

妓楼で死なれると面倒なので、早目に厄介《やっかい》払いをしたのだ。

実家が遠い場合は知らせようもない。病気の遊女はろくな治療も受けないまま衰弱死した。あとは、すみやかに死骸を菰《こも》に包んで浄閑寺《じょうかんじ》に運ぶだけである。

◆起請文《きしょうもん》、彫物《ほりもの》、指切り

遊女は多くの客と寝るだけに、「真に惚《ほ》れたのはおまえさんひとり」と言ってもなかなか男に信じてもらえない。そこで、信実《しんじつ》を伝えるためにとられた手段が起請文《きしょうもん》、彫物《ほりもの》、指切《ゆびき》りである。

起請文

起請文は遊女が心変わりしないことを神仏に誓い、もし約束を破ればどんな神仏の罰《ばち》があたってもかまわないと誓約する証文である。
だが、落語『三枚起請《さんまいきしょう》』にもあるように、なんの信憑性《しんぴょうせい》も拘束力《こうそくりょく》もなかった。
起請文にはいくつかの定型があった。その一例を示そう。

きしょうの事
御《お》まへ様と夫婦のけいやく致し候《そうろ》うへは、たとへいかやうの御事御座《ござ》候《そうろう》とも、こなたこゝろはかはり申《もうす》まじく候。もし、たがひ候《そうら》へば、日《ひ》の本《もと》六十余州の神々さまの御ばちを受け申し候。

客の男と遊女は指の先を切って血を出し、文章の最後に血判《けっぱん》を押して、取り交わす。何枚も起請文を書いた遊女などは文句を暗記していて、スラスラと書き、複数の男に渡していたろう。こんな起請文に感激し、後生大事にしている男もいた。

なお、戯作『青楼女庭訓』（文政六年）によると、遊女が起請文を書くときには伝授があった。

義理であたえる起請文には、「神々の御ばつうをかふむり」と書く。

情男《いろ》にあたえる本気の起請文には、「神々の御ばちをかふむり」と書く。

義理であたえる起請文は「ばち」を「ばつう」と書き誤っているので、たとえ約束を破っても神々の罰があたることはないという理屈である。

彫物

彫物は、遊女が心変わりしない証拠として、二の腕に客の名を入墨《いれずみ》するものである。

五兵衛は「二三命」、藤兵衛は「フジ命」、徳右衛門は「トクサマ命」などとした。

しかし、金蔓《かねづる》の客や情男《いろ》と別れ、別な男に信実を示そうとすれば、前の彫物を消して、あらたな名前を彫らねばならない。

古い名前は灸《きゅう》をすえて焼き消すが、要するに火傷《やけど》である。あとには醜いケロイドができた。彫物は一方的に女に過酷な風習だったといえよう。

左頁の絵は、遊女が朋輩《ほうばい》の遊女に彫物をしてもらっているところである。苦痛で声をあげそうになるのを、手ぬぐいを喰《く》いしばって耐えている。

指切り

指切りは、遊女が客へ信実を示すため、自分の小指の第一関節から先を切断して渡すというものである。しかし、指切りが実際におこなわれていたとは思えない。

第一に、遊女は妓楼にとって大事な商品である。指切りは商品が傷物になることであり、楼主や遣手《やりて》が許すはずがない。もしそういう兆候《ちょうこう》があれば、遣手や若い者が厳重に監視したであろう。

第二に、尋常《じんじょう》な男が真情の証《あかし》として、女に指を切断することを求めるであろうか。惚れていればなおさら、女が傷物になるのを望むはずはない。

『色道大鏡《しきどうおおかがみ》』は指切りの方式を詳細に述べ、きちんと手当てをすれば指はまた生えてくるもので、長崎の丸山《まるやま》遊廓の遊女が指切りをしたが、蘭方医の処置のおかげで二カ月後に指が元通りになったとしている。荒唐無稽《こうとうむけい》な話であり、とうてい信用できない。

遊女と客の葛藤《かっとう》を描いた戯作は多いし、指切りの場面もしばしば出てくるが、たいていは直前になって、「おまえの心底わかった」と、男が止めにはいる。指切りを決

『大晦日曙草紙』（天保十三年／早稲田大学図書館蔵）

行しようとしたことで遊女は男に信実をわかってもらい、大団円になるという他愛ない筋立てである。

指切りの例があったとしても、ヒステリックな発作のあげくであろう。発作的な事件と風習とは異なる。指切りは一種の遊女伝説といえよう。

◆心中と逃亡

心中は天下のご法度
幕府は男女の心中《しんじゅう》を厳禁し、きびしい処罰を科した。もし心中をはかると、
・男女とも死亡した場合→死骸取り捨て、葬式禁止
・失敗して片方が生存の場合→生存者は下手人《げしゅにん》（死刑の一種で、小伝馬町《こでんまちょう》の牢屋敷の死罪場で首を斬られる）
・失敗して双方生存の場合→男女とも三日晒《さら》しのあと非人手下《ひにんてか》（社会的に差別されていた人々である非人の集団に身柄を引き渡される）
という過酷なものだった。

しかし、若い男女の心中はやまなかったし、吉原でも遊女と客の心中はしばしばおきた。多くは深夜、寝床のなかで剃刀《かみそり》で首筋を切った。

上の図は心中に失敗してふたりとも生き残り、晒された男と遊女である。

遣手が監視

心中は妓楼にとって大打撃だった。商品としての遊女を失うほか、評判が広がり、客足が落ちる心配もある。血で汚れた部屋の模様替えもしなければならない。

もし心中の懸念があれば、遣手や若い者が厳重に遊女を監視し、相手の客も登楼《とろう》させないようにした。

戯作『青楼《せいろう》娭《き》言解《げんかい》』（享和二年）に、勘当《かんどう》されてしまった情男《いろ》と遊女の話が出てくる――。

ふたりは絶望のあまり心中を相談する。

ところが、遣手はふたりの動向に気をつけていて、廊下で障子越しに、ちゃんと会話を立ち聞きしていた。

遣手は遊女を遣手部屋に呼びつけ、懐中に隠していた剃刀《かみそり》をひったくるや、

「売りしろなしたその身体、そう自由にゃならねえ。死ぬる覚悟のこの剃刀。これでも言訳立《いいわけた》とうと思うか。こういうことでは、ほかのしめしもきかぬ。以後の見せしめ」

と、上草履《うわぞうり》で散々に殴りつける。

遊女はあくまで「売りしろなした身体」、つまり金を払って仕入れた商品だった。勝手に死なれては困るという理屈である。

逃亡の方法

遊女が吉原から逃げ出すのは困難だった。周囲を高い塀とお歯黒どぶにかこまれ、唯一の出入り口である大門《おおもん》では四郎兵衛会所《しろべえかいしょ》のあらためがある。

それにもかかわらず、妓楼の虐待に耐えかね、あるいは情男との新生活を夢見て、逃亡のこころみはしばしばおこなわれた。遊女がひとりで脱走するのはむずかしいため、たいていは男が手引きをした。

『帯屋於蝶三世談』（文政八年／国会図書館蔵）

塀を乗り越えるか、男装して大門を抜け出すかである。ただし、成功の例はほとんどなかったと思われる。

もし脱出できても、妓楼はすぐに追っ手を派遣し、草の根をわけてもさがし出した。脱走を成功させると、ほかの遊女に対してしめしがつかないからである。

上の絵は、男が手助けしながら遊女が逃亡している光景である。忍《しのび》返《がえし》が植えられた黒板塀を乗り越え、板を渡してお歯黒どぶを渡る。駕籠《かご》も準備されていて、周到に計画された逃亡といえよう。

次頁の絵は、逃亡した遊女と男が追手に捕まったところ。このあと、ふたりはどんな仕打ちを受けたであ

『大晦日曙草紙』（天保十三年／早稲田大学図書館蔵）

ろうか。

逃亡と心中

もっとも有名なのが、四千石の旗本藤《ふじ》枝《えだ》外記《げき》と、京町二丁目の大菱屋《おおびしや》の遊女綾《あや》絹《ぎぬ》であろう。

外記は綾絹に夢中だったが、富裕な町人が身請《みう》けしようとしているのを知った。金では対抗できないため、自暴自棄になった外記は綾絹をひそかに吉原から連れ出した。しかし、すぐに発覚して追手が迫る。

絶望した外記は刀で綾絹を刺し殺したあと、自害した。時に天明五年（一七八五）八月十三日。外記、二十八歳、綾絹十九歳だった。外記には十九歳の妻がいた。事件後、藤枝家は改易《かいえき》となった。

◆折檻

さまざまな折檻

お茶をひく状態（客がなく暇でいること）が続いている遊女、仮病《けびょう》を使って怠《なま》けていると思われた遊女、上客の機嫌をそこねて逃がしてしまった遊女、さらには楼主や遣手の言いつけを守らず不平不満を漏らす遊女などは折檻《せっかん》を受けた。

折檻をするのは楼主の女房や遣手である。女が女を責めたといえよう。

ただし、妓楼にとって遊女は商品である。顔や体を傷つけ、商品価値をさげるような折檻はまれで、遊女に辱《はずかし》めをあたえる処罰が多かった。

だが、楼主や女房、遣手の人柄に拠《よ》るところも大きい。『世事見聞録』（文化十三年）は、折檻のすさまじさをこう記している――。

鬼の如《ごと》き形勢にて打擲《ちょうちゃく》するなり。その上にも尋常に参らざる時は、その過怠《りたい》としてあるいは数日食を断ち、雪隠《せっちん》そのほか不浄もの掃除を致させ、または丸裸になして縛《しば》り、水を浴びせるなり。水湿《しめ》る時は苧縄《おなわ》縮みて苦しみ泣き叫ぶなり。折々責め殺す事あるなり。

殴りつけるほか、絶食や便所掃除などの罰をあたえた。真っ裸にして苧縄《おなわ》（麻縄）で縛り、水を浴びせると、水で湿った苧縄が収縮して体をキリキリと締め付け、その苦痛に泣き叫ぶ。

時には、折檻が過ぎて殺してしまうこともあった。

心中や逃亡は重い

心中未遂や逃亡をこころみた場合の折檻は苛烈《かれつ》だった。

『世事見聞録』は、こう記している――。

この時の仕置《しおき》は別して強勢なる事にて、あるいは竹篦《たけべら》にて絶え入るまでに打擲《うちたた》き、または丸裸になし、口には轡《くつわ》のごとく手拭《てぬぐい》を食《は》ませ、支体を四つ手に縛り上げ、梁《はり》へ釣《つ》り揚《あ》げ打つ事なり。これをつりつりと唱《とな》うるなり。

真っ裸にして、口には猿轡《さるぐつわ》をかませ、両手両足を縛って梁《はり》からつるし、殴りつける「つりつり」という折檻もあった。

この「つりつり」のときは女房や遣手ではなく、楼主みずからがおこなったという。

罰として鞍替え

鞍替《くらが》えとは遊女が妓楼を代わることだが、たいていの場合、転落していく。表通りの妓楼から河岸見世、あるいは吉原から岡場所や宿場の女郎屋という具合である。鞍替えのときも、きちんと証文を取り交わした。

戯作『新宿晒落梅ノ帰咲』（文政十年）に、内所《ないしょ》の二十両を盗んだという疑いを受けた遊女の話がある――。

楼主は遊女の髪の毛をつかんでねじ伏せ、煙管《きせる》でさんざんに殴りつけた。その後、蔵のなかに放り込み、食事もろくにあたえなかった。

遊女が頑《がん》として盗みを認めなかったため、楼主は内藤新宿《ないとうしんじゅく》の女郎屋に鞍替えさせた。つまり、宿場女郎に転売したのである。

遊女の幽霊で法要

文化七年（一八一〇）十月末、浅草の慶印寺《けいいんじ》で、死亡した吉原の中万字屋《なかまんじゃ》抱え遊女の法要がおこなわれた。

普通、遊女が死亡した場合、死体を菰に包んで三ノ輪《みのわ》の浄閑寺《じょうかんじ》に運ぶ。浄閑寺の墓地の穴に、文字通り投げ込んで終わりだった。

中万字屋の遊女は異例だったが、これにはわけがあった。

『街談文々集要《がいだんぶんぶんしゅうよう》』や『半日閑話《はんにちかんわ》』に拠《よ》ると、くだんの遊女は病気で体の調子が悪いと言って、部屋に引きこもっていた。

楼主の女房が怒り、きびしい折檻を加えた。

「仮病を使って怠けるんじゃないよ」

その後、薄暗い行灯部屋に放り込んで、ろくに食事もあたえなかった。

空腹に耐えかねた遊女はこっそり客の食べ残しを集め、小鍋で煮て食べようとした。

これを見た女房は激怒し、遊女を柱に縛りつけ、小鍋を首からつるした。ほかの遊女や奉公人への見せしめとしたのである。衰弱と飢えで、遊女は柱に縛られたまま死んだ。

その後、中万字屋に、首に小鍋をかけた遊女の幽霊が出るという噂が広まった。そこで、中万字屋はあわてて、死んだ遊女の法要をおこなったのだという。

◆客への仕置き

妓楼のルール

伝統と格式を誇る吉原には独特の遊びのルールがあった。客はいったん登楼して遊女を買うと、その妓楼のほかの遊女を買うことはできなかった。

客の側に選択の自由がないわけで、商売のやり方としては傲慢《ごうまん》ともいえる。しかし、この背景には妓楼の事情があった。

遊女は妓楼のなかで生活している。いわば職住接近だった。しかも、
花魁《おいらん》―新造《しんぞう》―禿《かむろ》
という序列になっていた。客の取り合いをして花魁同士が反目すると、たちまちグループ同士の対立に発展した。

ただでさえ遊女のあいだには感情的な摩擦《まさつ》が生じやすい。客がからめば人間関係のこじれはややこしくなる。同一妓楼内の別な遊女を買えないというルールを作ることで、客をめぐる無用な摩擦を避けたのである。

しかし、どんな厳格なルールがあっても、男と女のあいだではなにがおこっても不思議ではない。

二七一頁の絵は、朋輩の遊女が自分の客と情交しているところに、遊女が乗り込んできた場面である。面子《めんつ》をつぶされた遊女は、

「やい、ここな助平女。人の男をよう間女《まおんな》しやったの」

と、その怒りは浮気な客ではなく、朋輩の遊女に向けている。

不実の客に対する制裁

金を払う客の立場からすれば、どの妓楼で遊ぼうと自分の勝手のはずだが、吉原で

はそれが許されなかった。そんな客は「不実《ふじつ》」として、仕置きを受けた。これを「倡《しょう》家《か》の法式《ほうしき》」という。倡家は娼家で、妓楼のこと。

倡家の法式によると、いったんある妓楼の遊女と馴染《なじ》みになると、客はほかの妓楼に登楼《とうろう》することはできない。もしそのようなことがあれば、これまでの馴染みの遊女からあたらしい遊女に「つけことわり」の手紙を送った。要するに、登楼を断われという要請である。

ところが、なおも客が登楼しているのがわかると、振袖新造を動員して仲《なか》の町《ちょう》や大門のあたりで待ち伏せし、帰途につく客を大勢で寄ってたかって捕まえ、強引に妓楼の二階に連れ込んだ。そして、みなで取りかこんで髪を切ったり、顔に墨《すみ》を塗ったりして、さんざんに笑い者にした。しかも、長時間にわたって水も食事も煙草《たばこ》もあたえない。

ついに客も降参して、遣手や若い者に頼んで引手茶屋を呼んでもらい詫《わ》びを入れた。引手茶屋の仲介で盃を交わし、遊女や遣手、若い者に祝儀をあたえたうえで、客はようやく帰宅を許された。

二七三頁の絵に倡家の法式が描かれているが、捕まって二階座敷に引っ張り込まれた男は顔に墨を塗られている。廊下側の羽織姿の男は引手茶屋の亭主で、事態の収拾に乗り出してきた。

『笑本当婬狂』（安永五年頃／国際日本文化研究センター蔵）

仕置きは有名無実に

倡家の法式は客からすれば理不尽《りふじん》な仕打ちとしかいいようがないが、遊女の意地の張り合いもあり、横行していた。妓楼間の対抗意識もあろう。

『古今吉原大全』（明和五年）もこう述べている――。

女郎、客をつけ、とらえ、或《あるい》は髪をきる等の事を法式とす。

しかし、さすがに目に余るものがあったようで、幕府は寛政七年（一七九五）の通達『新吉原町定書』で、「不法之儀《ふほうのぎ》」として、そういう風習をやめるよう命じた。妓楼もこれに従ったようだ。

戯作『竅学問《あながくもん》』（享和二年）で、不実な客の髪を切ったり、坊主《ぼうず》にしたりする制裁について、

「わっちらがとこじゃァ、そんな事をいたしいすは法度《はっと》でおざりいす」

と、遊女が述べる。

たとえ遊女がいきり立っても、妓楼は客に制裁《せいさい》を加えることを禁止していたのだ。

倡家の法式は寛政、享和、文化、文政と時代がくだるにつれ、有名無実になっていった。

すでに岡場所や宿場の女郎屋が競争相手として台頭し、男たちはそちらに移りつつ

『青楼絵抄年中行事』（享和四年／国会図書館蔵）

あった。もはや倡家の法式をふりかざしていたら客が去る時代になったからだった。

金のない客は桶伏せ

金がないまま登楼した客への制裁として、桶伏《おけぶ》せがあった。

こらしめのために往来で、四角な窓をあけた大きな桶をかぶせて閉じ込め、晒《さら》し者にする。実家の誰かが金を届けにくるまでは、四日も五日も外に出さない。その間、食事だけはあたえたが、夜具などは差し入れず、大小便もその場でさせるという残酷なものだった。

だが、実際に桶伏せがおこなわれたのはごく初期のころである。その後は、付馬《つきうま》や始末屋が処理するようになった。

二階を止める

引手茶屋への未払いがたまった客や、遊女と心中しそうな気配のある客に対して、妓楼は二階《にかい》にあがることをことわった。つまり、登楼を拒否した。これを、客の側からは、「二階を止《と》められる」といった。

若い者や遣手が目を光らせているので、二階を止められたら客はもう遊女に会うことはできない。手ぬぐいで頬被《ほおかぶ》りをして顔を隠し、張見世《はりみせ》に出ている遊女にそっと会いにくるしかなかった。

こうした仲を裂かれた男女の愁嘆場《しゅうたんば》は戯作などに描かれている。

戯作『錦之裏』（寛政三年）に、二階を止められた情男《いろ》がひそかに忍び込み、花魁の部屋にかくまわれていたが、発覚する場面がある――。

花魁と情男がささやいているところへ、不意に遣手が現われて屏風《びょうぶ》を引きあけた。

「様子は残らず見届けた。わたしが顔を踏みつけて、なんで役儀《やくぎ》が立つものぞ。この通り内所へゆき、旦那さんに申しんす。これ、若い衆や、この男めを引きずり出したがよいわいの」

遣手の声を聞きつけ、数人の若い者が駆けつけるや、情男を袋叩きにした。

第八章　客のいろいろ

◆女郎買いに寛容な社会

なぜ吉原が繁栄したか

江戸には吉原をはじめ多数の遊里《ゆうり》があったことについて、男女の比率が不均衡で男が圧倒的に多かったからという説がある。たしかに、江戸の建設が始まったころは多数の若い労働力が流入して男が多かったが、江戸時代も中期以降になると男女比にそれほど差はなく、男女の不均衡が原因という説はあたらない。

フランス海軍の士官として慶応《けいおう》二年（一八六六）に来日したデンマーク人のスエンソンはその著『江戸幕末滞在記』に、

「日本の遊里には独身だけでなく、既婚の男も多数訪れている。しかも、日本人の倫理観ではなんら問題ないようだ」

という意味のことを書いている。

このことからもわかるように、吉原などが繁栄したもっとも大きな理由は、当時の社会には売春を悪や罪ときめつける考え方が希薄で、男の女郎買いに寛容だったからである。つぎの例からもあきらかであろう。

戯作《げさく》『青楼曙草《せいろうあけぼのぐさ》』（文政八年）に、吉原にいりびたりの婿《むこ》が、義父と対面する場面がある。婿は恥じ入り、義父に頭をさげるしかない——。

「面目がございません」

「若いときァ、ありうちのことサね。これも人付合《ひとづきええ》の学問だから、いっぺんは誰しも苦労してみるのがいいのサ」

義父は怒るどころか、女郎買いは若い男にはよくあることで、一種の人生勉強でもあるといい、婿をなぐさめているほどである。

また、戯作『仮名文章娘節用《かなまじりむすめせつよう》』（天保二年）では、武士が十八歳の息子にこう諭《さと》す——。

「女郎買いなども三度に一度は、はずされなけりやァ、いくがよいわさ」

友だちに女郎買いにさそわれたら、三度に一度くらいは付き合ったほうがいいと父親が勧めている。男の付き合いを大事にしろという教訓でもあった。

義父にしろ、父親にしろ、年長の男は若い男の女郎買いに理解があった。

では、女は男の女郎買いをどう見ていたのだろうか。

女も女郎買いを認めていた

遊女や芸者を玄人《くろうと》と呼んだ。玄人ではない女が素人《しろうと》である。素人の女を地女《じおんな》ともいった。

戯作『浮世風呂《うきよぶろ》』（文化六～十年）に当時の庶民の女の、女郎買いに対する考え方がうかがえる。会話はわかりにくいので現代語訳した――。

女湯で、町人の女が親戚の男について愚痴《ぐち》をこぼす。

「浮気者で、苦労が絶えません。女郎買いをするのならまだしも、意地の汚《きたな》い男で、とかく近所の素人の娘に手を出すので困っています」

相手の女はおおいに同感してあいづちを打つ。

「女郎買いなら許せるけど、地女に手を出すのは性悪《しょうわる》だね。第一、男らしくないよ。男なら男らしく、金を払って女郎買いをすればよいのさ」

この会話からもわかるように、庶民の女のあいだでは、男が女郎買いをするのは仕方がないという考え方が支配的だった。

いっぽうでは、素人の女と関係を持つのは嫌悪され、糾弾《きゅうだん》された。そんな男は「意地の汚い」、「性悪」で「男らしくない」と解釈されたのだ。

戯作『春告鳥』（天保七～八年）に、三十七、八歳の鳶《とび》の頭《かしら》が吉原に居続《いつづ》けし、ようやく家に帰ってきた場面がある。二十八、九歳の粋《いき》な女房が亭主を迎えて言う――。

「わたしやァ、案じきっていたよ」

「なぜ案じた。きょうも女が帰《けえ》すめえと思ってか」

亭主が笑った。

女房も笑って言い返す。

「お洒落《しやれ》でない。能好男《いいいろおとこ》の風俗《ふり》をして、誰が幾日《いくか》も止宿《とめ》て置くものか。必定《だいじようぶ》、今朝らア、追出《おいだ》されて来る時分だとは思ったけれども、お店《たな》からァ三度も呼びに来たし……」

女房は冗談で応答している。嫉妬《しつと》がないわけではあるまい。しかし、当時の庶民の女は、とくに鳶の頭の女房ともなれば、亭主の女郎買いに嫉妬するのは野暮《やぼ》という考え方が支配的だった。そこで、胸のなかはたとえ煮えくり返るようだとしても、顔や態度には出さず、にこやかに亭主を迎えた。

江戸の男たちは女郎買いをなかば公認されていた。それをいいことに、機会さえあれば吉原に出かけようとした。

葬式のあとの精進落し

とむらいに行衛《ゆくえ》しれずが弐三人《にさん》
という川柳《せんりゆう》がある。山谷《さんや》あたりの寺で葬儀がおこなわれたが、帰る段になるといつのまにか二、三人の姿がない。葬式が終わるやいなや、吉原に向かったのである。

葬式のあと、会葬者が連れ立って吉原などの遊里に繰り出す風習があった。これを精進落《しょうじんおと》しといった。後清《あときよ》めともいう。

浅草から山谷、小塚原《こづかっぱら》にかけては寺が多く、焼場（火葬場）もあった。しかも吉原に近い。そのため、葬礼はかこつけになり、寺や焼場はかこつけ場所となった。葬儀の寺が浅草と聞いて内心、

「しめた。帰りは吉原に寄ろう。女房には葬礼でおそくなったと言えばいい」

と、ニンマリした亭主は少なくなかった。

現在の感覚からすると罰当たりで醜悪な行為に思えるが、当時の人々に背徳の意識は皆無であり、あっけらかんとしていた。

戯作《わり》『松《まつ》の内《うち》』（享和二年）で、女房が亭主に対する憤懣《ふんまん》を述べる――。

「悪い癖で、いつでも弔《とむら》いというと、そのあとは女郎買《け》えよ」

亭主が葬式のあとにはきまって遊里に行くのを、女房は苦々しく思っていた。しかし、とくにそれで夫婦間が険悪になっている様子はない。世の亭主にはありがちな行為なのを知っているからである。

戯作『春色梅美婦禰《しゅんしょくうめみぶね》』（天保十二年）に、日本堤《にほんづつみ》にほど近い水茶屋に五、六人の男がどやどやとはいってきて、口々に塩を求める場面がある――。

十七歳くらいの美人の茶屋女がたずねた。

「まあ、なんでございますえ。おそろいで塩がおいんなさるとは」

「はかなしや、鳥辺《とりべ》の山の山送りス」

男たちは、出してもらった塩を着物にふりかけて清めをした。

茶を一杯飲むや、

「なあに、家内《うち》へ帰ろうというのじゃァねえわナ。廓《あっちゃ》へ送ッてもらおうというのだァナ」

と、みな意気揚々と吉原に向かう。

茶屋女は笑って見送る。

「おや、ほほほほほ、そうでございますか。わちきもあんまり、うっかりでございましたッけね」

場所柄とはいえ、十七歳の娘ですら精進落しを知っていた。しかも、とくに眉《まゆ》をひそめるわけでもない。葬式のあとに男たちが吉原に繰り出すのは、ごく普通のことだった。

江戸は女郎買いに寛容な社会だったと先述したが、ここまでくるとほとんど野放図に近い。

◆客のいろいろ

武士

吉原における武士の姿が左頁の絵に描かれている。

左頁左側の絵は袴《はかま》をつけない着流し姿である。本来、武士は外出時には袴を着用しなければならない。本人は通人《つうじん》を気取っている。

いっぽう、右側の絵は羽織《はお》り袴だが、遊里では袴は野暮《やぼ》といわれた。

宝暦期以前の武士が中心だった時代は別として、吉原では武士客はあまり歓迎されなかった。とくに、参勤交代《さんきんこうたい》で江戸に出てきた勤番武士《きんばんぶし》は「浅黄裏《あさぎうら》」とか「武左《ぶざ》」と呼ばれ、敬遠された。

落語や川柳では、浅黄裏は「野暮な田舎侍《いなかざむらい》」として軽侮の対象になっているが、その背景にあるのは江戸っ子の優越感である。

必ずしも田舎者だから嫌われ、軽蔑されたわけではない。むしろ、悪ずれしていない純朴な人柄を好感された面もあった。逆に、江戸っ子気取りの半可通《はんかつう》は陰で笑われている。

勤番武士が嫌われた理由は、払いが渋いわりに要求が大きかったことである。

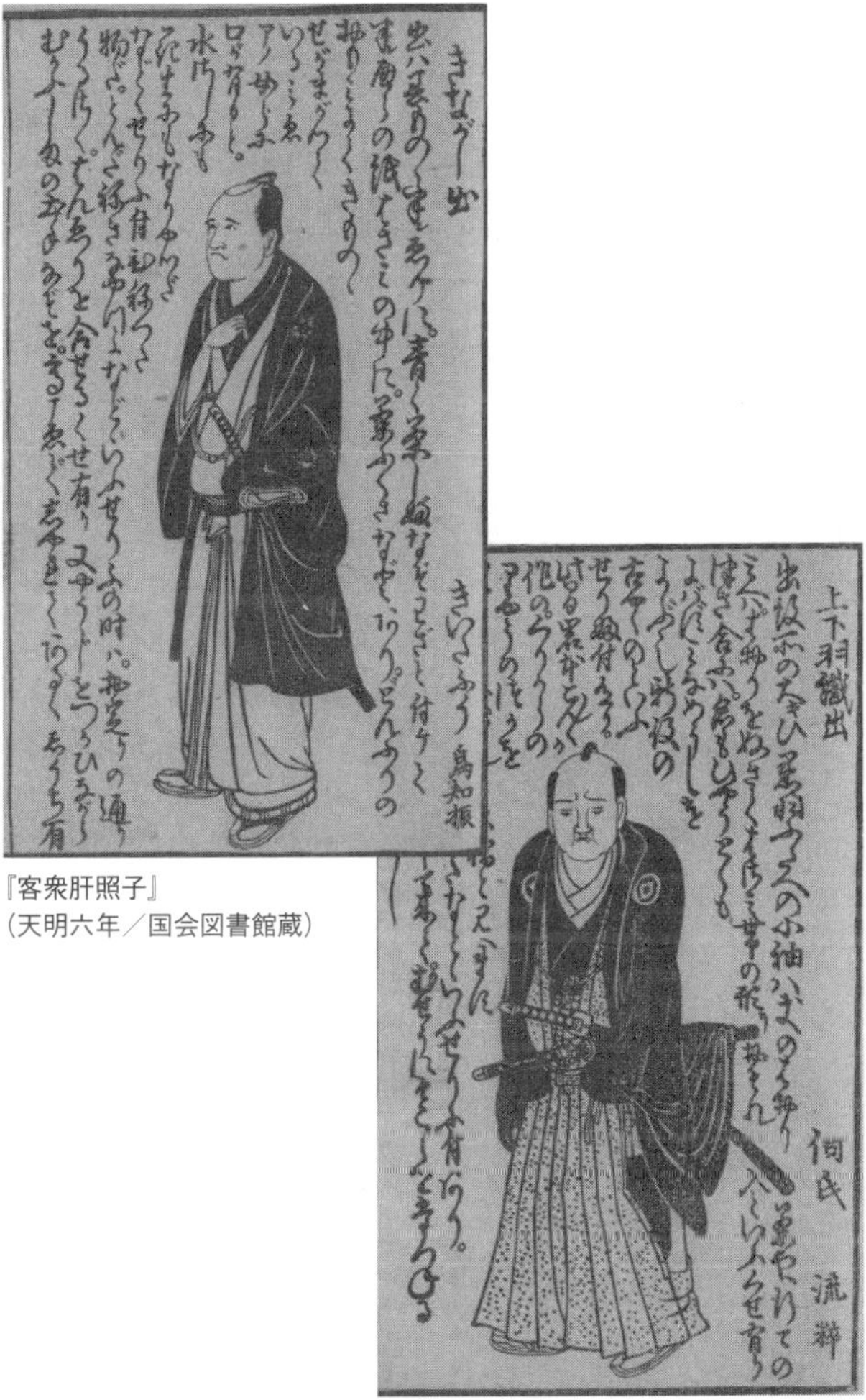

『客衆肝照子』
（天明六年／国会図書館蔵）

というのは、勤番武士はおよそ一年間、江戸の藩邸内の長屋で独身生活を強《し》いられ、性に飢えていた。しかも、暇はたっぷりあるが、金銭的な余裕はない。

吉原にきても、祝儀は出さないくせに、武士の身分をカサに着て威張り、しゃにむに要求を通す者が少なくなかった。

戯作『京伝居士談《きょうでんこじだん》』（文化十五年）に、

「初で、お屋敷さ。今夜ァ、体が悪《わり》いと言いんしても、承知しめえ。一度は自由にならざァなりんすめえ。つらい事だのゥ」

と、遊女が嘆く場面がある。

初は初会、お屋敷は武士のこと。

今夜は体調がすぐれないため床入は勘弁してくれと頼んでも、初会の勤番武士は承知しそうもない。相手が武士ということもあって、遊女は仕方なく相手をせざるを得ないのだ。

やかましい客を七つが連れて行《いく》

という川柳は、勤番武士がようやく帰り、遊女のせいせいした気分をあらわしている。大名屋敷の門限は暮六ツ（日没）だったので、武士は七ツ（午後四時ころ）の鐘《かね》にせきたてられるように帰っていった。

留守居役

同じ武士でも、留守居役《るすいやく》は金払いがよかった。

留守居役は諸藩の対外折衝《せっしょう》役である。その役目柄、潤沢《じゅんたく》な接待交際費を自由に使うことができた。

諸藩の留守居役同士、情報交換を名目にして吉原で遊ぶことも多かった。自腹を切るわけではないから、勢い遊び方も派手になる。

享和二年（一八〇二）十月、上野寛永寺《かんえいじ》で十代将軍家治《いえはる》の十七回忌がおこなわれたあと、諸藩の留守居役六十余人が吉原に行き、妓楼を惣仕舞《そうじま》い、つまり一軒を借りきりにしてドンチャン騒ぎをした。

さすがに、あとで幕府の大目付《おおめつけ》から譴責《けんせき》を受けた。

半可通

江戸っ子を気取り、知ったかぶりをする男のことである。

一見、物知りのようであるが、その知識は聞きかじりの耳学問で底は浅い。

地方の貧農出身の遊女にとって、「おいらぁ、江戸っ子だぁ」という半可通《はんかつう》の能天気な自慢は不愉快《ふゆかい》そのものだったはずである。

吉原を舞台にした戯作では、半可通はたいてい最後にあっさり遊女にふられ、ギャフンといわされる。

若旦那

若旦那《わかだんな》は、川柳や戯作などでは「息子」や「息子株」と呼ばれている。中流以上の商家の息子である。

吉原を舞台にした戯作では半可通とは対照的に、初心《うぶ》な若旦那は遊女にもてると相場が決まっているが、金には不自由しない境遇で、育ちがよくて純情な若者が女性に好感を持たれるのは、べつに吉原とはかぎらないのかもしれない。

ただし、若旦那はまだ親がかりの身である。遊びが過ぎ、引手茶屋などに多額の借金を作ってしまうと親の怒りを買い、押し込めや勘当になりかねない。

純情な若旦那の典型が、落語『明烏《あけがらす》』の時次郎《ときじろう》であろう。

息子があまりに堅物《かたぶつ》なのを心配した父親が、知人に吉原に連れて行ってくれと頼む。かくして、だまされて登楼した時次郎だが、その純情さに花魁のほうがぞっこんになる、という話である。

お店者

お店者《たなもの》は、商家の奉公人《ほうこうにん》のことである。当時の商家の奉公人はみな住み込みだった。主人や番頭の目が光っているため、夜遊びはむずかしい。

いそがしくきて新造《しんぞう》とねにふしてとらにはおきてかへる店《たな》もの

という狂歌は、子《ね》の刻（午前零時ころ）に下級遊女の新造と寝たかと思うや、早くも寅《とら》の刻（午前四時ころ）には起き出して帰るお店者を詠《よ》んでいる。

主人にばれないよう、店が寝静まってから抜け出して吉原に駆けつけたが、夜明け前には店に戻らなければならない。それほどまでしても吉原で遊びたいのだ。

番頭くらいになると商用にかこつけて外出し、昼見世で遊ぶこともできた。ただし、店の金を使い込むようになると身の破滅につながる。

◆僧侶

医者をよそおう

江戸時代、僧侶は妻帯を禁じられていた。妻や妾《めかけ》を持ってはならないし、遊里で遊ぶなどもってのほかである。もし女と情を交えると、女犯《にょぼん》として罰せられた。だが、当時の寺院の多くは風紀が乱れ、僧侶も堕落していた。僧侶が遊里で隠れ遊びをするのは少しも珍しいことではなかった。
とはいえ、まさか墨染《すみぞ》めの衣《ころも》で吉原に出入りはできない。そこで、剃髪《ていはつ》した者が多い医者をよそおうのが一般だった。左頁の絵は、羽織を着て腰に脇差《わきざし》を差すという、医者のよそおいをして吉原にやってきた僧侶で、頭には頭巾《ずきん》をかぶっている。

中宿《なかやど》へ出家《しゅつけ》はいると医者が出る

という川柳は、僧侶が医者に変身する様子を詠《よ》んでいる。船宿や茶屋などを中宿、つまり中継地にして、墨染めの衣から羽織と脇差の姿に早替わりというわけである。

晒された僧侶

寛政八年（一七九六）、町奉行坂部能登守《さかべのとのかみ》の命により、町奉行所の役人が吉原や各地の岡場所などに張り込み、朝帰りする僧侶を一斉検挙《けんきょ》した。

検挙されたのは十七歳から六十歳までの六十七人で、宗派は日蓮《にちれん》宗、浄土《じょうじ》宗、真言《しんごん》

『客衆肝照子』（天明六年／国会図書館蔵）

宗、天台宗《てんだい》、曹洞宗《そうとう》、臨済宗《りんざい》など、ほぼすべての宗派にわたっていた。この六十七人は八月十六日から三日間、日本橋のたもとに晒《さら》された。

これまでにも、僧侶が女犯の罪で召し捕られ、日本橋に晒されるのは珍しいことではなかったが、せいぜい一、二名だった。いちどきに六十七名もの僧侶が晒されたのは前代未聞だった。

『宝暦現来集《ほうりやくげんらいしゅう》』に拠《よ》ったが、他の史料では六十九人となっている。約七十人もの坊主頭が数珠繋《じゅずつな》ぎになって晒し者になっている姿は、さぞや壮観だったであろう。左頁の絵は、女犯僧が晒し場に晒されているところである。

◆文人学者

江戸の文人学者の多くは吉原で遊んだ。吉原は文人学者の社交場でもあった。その意味でも、江戸文化の中心だった。ほぼ同時代に活躍した大田南畝《おおたなんぽ》、山東京伝《さんとうきょうでん》、滝沢《たきざわ》馬琴《ばきん》の三人は対照的である。

大田南畝は妾に

大田南畝は吉原で遊ぶうち、天明五年（一七八五）十一月、江戸町一丁目の大見世《おおみせ》

『徳川幕府刑事図譜』（明治大学博物館蔵）

松葉屋で、下級遊女の三保崎《みほざき》を知った。南畝は当時三十七歳だったが、三保崎への思いをつのらせる。

ついに翌年の七月、まだ年季《ねんき》を残していた三保崎を身請《みう》けした。

『松楼私語《しょうろうしご》』のなかにある漢詩の一節に、

一擲千金贖身時　一擲《いってき》千金　身を贖《あがな》うの時

とあり、身を贖うために千金を投じた、と。

千金は漢詩独特の誇張であって、千両ではあるまい。それにしても、身請けとなれば大金がかかったことは間違いない。

そのころ、南畝は両親、妻、ふたりの子供の六人暮らしだったため、三保崎は別な妾宅《しょうたく》に住まわせた。

寛政五年（一七九三）、三保崎は死んだ。三十歳前後だったらしい。あまりに早死にだが、やはり苦界《くがい》の生活で体は病魔にむしばまれていたのであろう。

山東京伝は妻に

安永八年（一七七九）、十九歳の山東京伝は江戸町一丁目の大見世扇屋で菊園《きくぞの》を知った。以来、菊園のもとにかよい続ける。

寛政元年（一七八九）、菊園は年季が明け、そのまま番頭新造として扇屋にとどまった。扇屋の楼主は俳名を墨河《ぼくが》という文人で、京伝とは友人だった。墨河が結婚を勧め、京伝も心をきめた。

寛政二年、京伝は菊園を正式に妻に迎えた。

菊園は賢夫人として知られ、家庭にはいっても申し分のない女だったようだ。しかし、長い苦界の勤めを経ているだけに、子供ができなかったし、すでに体は病魔にむしばまれていた。

寛政五年、菊園は死んだ。三十歳だった。

寛政九年、三十七歳の京伝は江戸町一丁目の弥八玉屋《やはちたまや》で、突出《つきだ》しになったばかりの新造玉の井《たまのい》を知り、深く馴染んだ。

寛政十二年、京伝は玉の井を身請けし、後妻に迎えた。時に京伝四十歳、玉の井は二十三歳だった。以後、京伝は二度と吉原に足を踏み入れることはなかった。

玉の井は聡明な女で、京伝をささえて家庭は円満だったという。ただし、子供にはめぐまれなかった。京伝の死後、玉の井は狂死した。

この原因については、義弟の山東京山《きょうざん》との遺産をめぐる確執《かくしつ》など様々な説があるが、遊女時代に得た病気が原因のひとつであるのは間違いないであろう。

滝沢馬琴は遊里嫌い

当時にあって、滝沢馬琴はむしろ例外的な存在であろう。

馬琴は謹厳実直《きんげんじっちょく》で、吉原などの遊里で遊蕩《ゆうとう》することを忌《い》み嫌っていた。息子に対しても、遊里に足を踏み入れることを厳禁した。

その著作のなかで、遊女を二度までも妻に迎えた山東京伝に対する軽蔑をにじませている。馬琴の倫理観からすると、妾ならともかく、遊女を妻にするなど恥ずべき行為だった。

◆安い遊び

河岸見世と局見世

吉原の遊びは高くついたが、それは表通りの妓楼の場合である。河岸《かし》見世や局《つぼね》見世は安あがりだったし、時代が幕末に向かうにつれ、そういう安直な見世がふえていった。

河岸見世や局見世は、もっぱら武家屋敷の奉公人などが利用した。

地廻り、吉原雀

吉原に近い浅草あたりに住み、毎日のようにやってきてはぶらついている男たちを地廻《じまわ》りと呼んだ。金がないため素見《すけん》であり、登楼はしない。張見世で遊女をからかったり、品評したりして過ごす。それが楽しみなのである。

戯作『四季の花』は、こう定義している。

「素見に品々あり。廓《くるわ》近き人、一日にても吉原の土を踏まねば夜も寝られぬという人、是《これ》を号《なづけ》て地廻りという」

左頁の絵に、そんな地廻りが描かれている。たいていは日が暮れるとさそい合い、数人連れでやってきた。
また、吉原に出入りして内情にくわしい男のことを吉原雀《よしわらすずめ》ともいった。

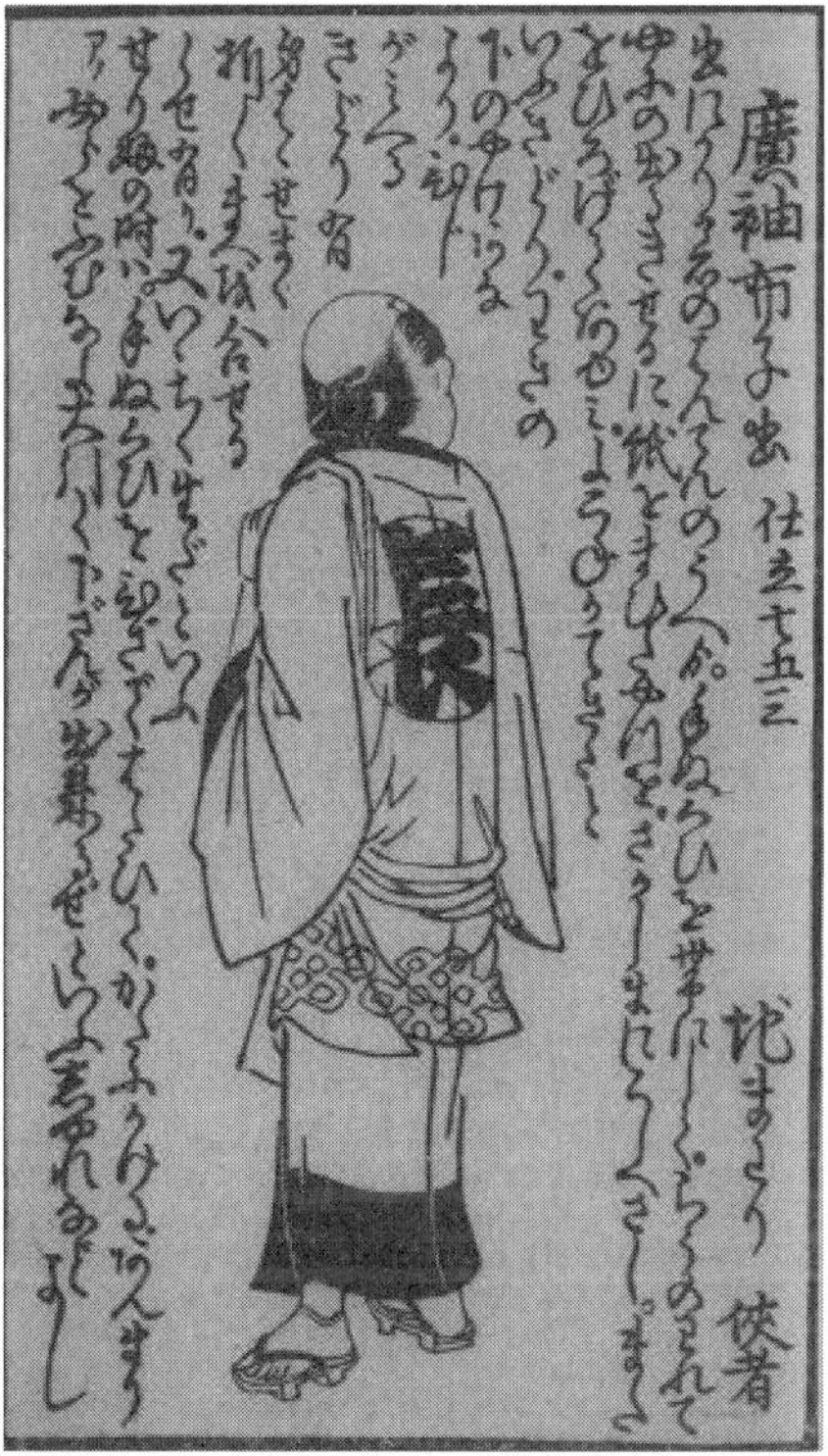

『客衆肝照子』（天明六年／国会図書館蔵）

地廻りのくふう

戯作『志羅川夜船《しらかわよふね》』で、地廻りのひとりが吉原の歩き方を得々と講釈する。素人《しろうと》は同じ町を何度も歩いて無駄をするが、自分が考案した道筋で歩けば無駄がないというのだ。それによると——。

大門《おおもん》をはいると、まず左に折れて伏見町《ふしみちょう》の通りを歩く。それから、右に折れて江戸《えど》町《ちょう》二丁目の通りを抜け、仲の町《なかのちょう》を突っ切って江戸町一丁目の通りにはいる。西河岸《にしがし》をずっと進んで、左に折れて京町《きょうまち》一丁目の通りにはいり、仲の町を越えて京町二丁目の通りにはいる。羅生門河岸《らしょうもんがし》に出たらちょっと戻り、左に折れて角町《すみちょう》の通りにはいり、仲の町に出たらそのまま大門に向かう、というものである。

たしかにこのルートなら、表通りにある妓楼をすべて一筆書きで見てまわることができる。揚屋町《あげやまち》の通りははぶかれているが、どっちみち妓楼《ぎろう》はない（二一一頁の地図参照）。

地廻りは、こんな他愛ないくふうに得意になっていた。

第九章　年中行事と紋日

吉原には元旦から大晦日《おおみそか》まで、いろいろな行事や紋日《もんび》があった。客をひきつけ、高い金額を要求する手段でもあった。
年中行事には江戸市中と共通するものも多いが、吉原独特の催事もあり、こうした華やかなイベントを見物するため、男だけでなく多くの女たちも吉原を訪れた。

◆年中行事

松の内
仲《なか》の町《ちょう》は飾り竹の門松《かどまつ》、妓楼《ぎろう》は背中合わせの門松を飾った。背中合わせにしたのは、表通りの通行の邪魔にならないようにするためである。

一月一日
この日は大門《おおもん》を閉じ、すべての妓楼が休業する。妓楼では大広間に楼主以下全員が勢揃いし、雑煮《ぞうに》で初春を祝った。

一月二日
この日が妓楼の営業開始で、客にとってはいわば初買いである。妓楼には大黒舞《だいこくまい》や太神楽《だいかぐら》がきて、にぎわった。
遊女は妓楼の格に応じた仕着せの小袖に身をつつみ、引手茶屋《ひきてぢゃや》などに出向いて年始

『青楼絵抄年中行事』（享和三年／国会図書館蔵）

の挨拶をした。禿《かむろ》もそろいの衣装を着て、羽《は》子板《ごいた》を持って姉女郎の供をした。上の絵は、年礼に出かける遊女で混雑する仲の町の光景で、禿が羽子板を持っているのがわかる。

一月七日

七草粥。

二月

初午《はつうま》の日、各妓楼では遊女の名を記した大提灯《ちょうちん》を軒下《のきした》につるし、赤飯・油揚などをそなえた。吉原の稲荷社《いなりしゃ》もにぎわうが、とくに九《く》郎助《ろすけ》稲荷の縁日には遊女や禿、吉原の住人が多数つめかけた（一二三頁の絵参照）。

三月

一日に仲の町に桜が植えられた。この時期、夜桜見物に訪れる人は多く、吉原は殷賑《いんしん》をきわめた。夜桜は吉原最大のイベントである。
次頁の絵は、桜が満開の仲の町。

『三体志』（歌川国貞／文政十二年／国際日本文化研究センター蔵）

三月三日
雛祭《ひなまつ》り。部屋に雛人形を飾る遊女もいた。
四月一日
衣替《ころもが》えで、遊女の座敷着も綿入《わたい》れから袷《あわせ》に変わる。
四月九日
家ごとに卯《う》の花《はな》を軒《のき》に挿《さ》した。
四月下旬
仲の町に花菖蒲《はなしょうぶ》が植えられた（安政期から）。
五月五日
端午《たんご》の節句《せっく》で、着物も袷から単衣《ひとえ》に替わる。
五月中旬
引手茶屋で、芸者を動員して正月の年玉《としだま》用の甘露梅《かんろばい》作りが始まる。

『青楼絵抄年中行事』（享和三年／国会図書館蔵）

七月
一日から月末まで、仲の町の引手茶屋は軒に、趣向を凝らした様々な灯籠《とうろう》をつるした。三大イベントのひとつで、玉菊《たまぎく》灯籠といわれている。
七月七日
七夕。短冊《たんざく》に思う男の名を書いて竹に結びつけた。
七月十二日
早朝から仲の町で草市《くさいち》が立ち、お盆用品が売られた。
七月十三日
吉原は一斉休業する。一月一日の休日以来、半年ぶりの休みである。
八月一日
八朔《はっさく》のこの日、仲の町を花魁道中《おいらんどうちゅう》する遊女は白無垢《しろむく》を着た。

『青楼絵抄年中行事』（享和三年／国会図書館蔵）

また、この日から吉原の三大イベントのひとつの俄《にわか》が始まり、晴天三十日間、おこなわれた。この俄を観ようと女の見物人も多数つめかけ、吉原はにぎわう。上の絵は俄の光景。
八月十四〜十六日
月見。
九月九日
この日から、遊女は冬の衣装に替えた。
十月
冬を迎え、大火鉢《おおひばち》が出される。
月の最初の亥《い》の日に亥《い》の子《こ》の祝い（収穫祭）をおこない、ぼた餅を食べる。
十一月八日
ふいご祭りで、火除《ひよ》けのまじないとして妓楼の中庭にミカンを投げ、禿に拾わせた。
ふいごとは、火を強める送風装置。

『青楼絵抄年中行事』（享和三年／国会図書館蔵）

十一月十七、十八日
水道尻《すいどじり》の秋葉大権現《あきばだいごんげん》の祭礼がおこなわれた。
十二月十三日
妓楼ではすす掃《は》きがおこなわれ、遊女は定紋《じょうもん》入りの手ぬぐいを奉公人に配った。
十二月二十日前後
餅つきがおこなわれる。上の絵は、妓楼の土間で餅つきをしている光景である。
十二月二十五日
松飾《まつかざり》を立てる。
大晦日
妓楼に狐舞《きつねまい》が押しかけてきた。この狐に抱きつかれた者はその年、妊娠するという言い伝えがあったため、狐の面をかぶった男が座敷に出現すると遊女や禿は逃げまわった。

◆吉原の三大イベント

春の夜桜

植木屋が開花直前の根付きの桜の木を運び込み、三月一日、仲の町に植えた。下草には山吹《やまぶき》を添え、周囲に青竹の垣根をめぐらし、なかには雪洞《ぼんぼり》を立てる。桜の高さは、引手茶屋の二階からのながめを考慮してそろえられた。灯ともしころ、雪洞の明りに照らされた満開の桜の下を静々と進む花魁道中は妖艶《ようえん》であり、ため息が出るほどの美しさだった。花が散る三月末までには、桜の木はすべて抜き、運び出される。

二七頁の絵はこの時季の仲の町の通りを描いているが、三〇〇頁の絵は引手茶屋の座敷から満開の桜や見物人を見おろしているところである。こうした上からのながめは引手茶屋にあがる客の特権だった。

仲の町に桜を植えることは、寛保元年（一七四一）に始まったとされる。

玉菊灯籠

玉菊《たまぎく》は角町《すみちょう》の中万字屋《なかまんじや》抱えの太夫《たゆう》で、才色兼備で諸芸にひいで、とくに河東節《かわとうぶし》の名手だったという。享保十一年（一七二六）、二十五歳で死んだが、その人柄がよく、多くの人に好かれていたことから、引手茶屋の有志がその年の盆に灯籠《とうろう》を飾って玉菊の霊を弔《とむら》った。これが始まりになったといわれている。三〇一頁の絵は玉菊灯籠の準備の光景で、引手茶屋の軒先に若い者が灯籠をつるしている。

俄

安永から天明のころ、芝居好きの引手茶屋の主人や妓楼の楼主が集まり、俄狂言《にわかきょうげん》（即興劇）を作って仲の町を練り歩いたのが始まりとされている。

このことが評判になり、さまざまな趣向を凝《こ》らして練り歩くのが恒例となった。これが吉原の俄である。

幇間《ほうかん》や芸者を中心に、茶屋や妓楼の人々も参加して、踊りや芝居を演じながら、にぎやかな鳴物付きで行列した。車のついた舞台を引いてまわり、上では歌舞伎《かぶき》の名場面などの所作《しょさ》をした。三〇二頁の絵の、練り歩いているのは芸者である。

◆紋日

紋日《もんび》とは吉原独特の祝い日で、この日は揚代《あげだい》が倍となる。現在の感覚では特定日や記念日は割引になるのが普通だが、吉原ではまったく逆だった。

この紋日は客にも遊女にも大きな負担となった。

紋日と知らずに登楼《とうろう》した客は思わぬ散財を強いられる。知っている客は当然、その日を避《さ》けようとする。ところが、紋日に客のつかぬ遊女は揚代を自分で支払わなければならないいきまりがあった。そのため遊女は馴染《なじ》み客に紋日にきてもらうよう、あの手この手をつかって懸命に頼んだ。

妓楼はもうけが大きくなるため、紋日をどんどんふやす。多い月には、月の三分の一が紋日になってしまった。

『青楼年暦考《せいろうねんれきこう》』の天明七年（一七八七）の項に、

「吉原年中紋日の数も、昔には倍し候故《そうろうゆえ》か、かえって紋日には来客も少なく見え候由《よし》」

とあり、昔にくらべて紋日がやたらとふえ、ほとんど倍増したため、かえって客足が遠のき始めたことを指摘している。妓楼のもうけ主義がかえって客を減らしたことになろう。このため、寛政期になり紋日の大幅な削減がおこなわれた。

一三九頁の文政八年の『吉原細見』に記されている紋日はつぎの通りである。

正月　松の内　　三月　三日、四日　　五月　五日、六日
七月　七日、十五日、十六日　　八月　一日
九月　九日　　十月　二十日

第十章　火事と仮宅

◆市中に出現する妓楼

臨時営業の仮宅

吉原は公許《こうきょ》の遊廓《ゆうかく》であり、火事で全焼するなどして営業できなくなった場合、妓楼《ぎろう》が再建されるまでのあいだ、二百五十日とか三百日とか期日をかぎって、江戸市中の家屋を借りて臨時営業をすることが許されていた。

これを仮宅《かりたく》といったが、住人の側からすると突然、隣に妓楼が引っ越してくるのと同じである。仮宅ができた地域は一夜にして遊里《ゆうり》に変貌した。

十八回も全焼

木造家屋が密集していた江戸は火事が頻発したが、吉原もしばしば火事に見舞われた。

明暦《めいれき》三年（一六五七）に千束村《せんぞくむら》の地で営業を開始して以来、明和《めいわ》五年（一七六八）四月の火事を皮切りに、幕末の慶応《けいおう》二年（一八六六）十一月の火事まで、合わせて十八回も全焼している。

営業を始めてから明治維新《めいじいしん》までの約二百十年のあいだ、およそ十一年に一回の割合

『安政見聞集』（国会図書館蔵）

で吉原は全焼した。驚くべき頻度である。そのたびに仮宅となった。

浅草、本所、深川が多い

仮宅が許されたのは浅草《あさくさ》、本所《ほんじょ》、深川《ふかがわ》など、もともと岡場所《おかばしょ》があったり、料理屋が多いなど、歓楽の地だった場所が多い。

妓楼は許可された地区の料理屋、茶屋、商家、民家などを借りた。いちおう妓楼用に改装するとはいえ、にわか造りである。とうてい本来の妓楼の豪壮さはない。張見《はりみ》世《せ》をするところもあれば、しないところもあった。また、張見世をする場合でも清掻《すががき》はなかった。

上の絵は、安政《あんせい》二年（一八五五）の大地震にともなう火災で吉原が全焼したあと、深川仲町《なかちょう》にできた仮宅の様子が描かれている。立て看板があるのみで、吉原の妓楼の壮麗さはない。

仮宅になるとさっそく『仮宅細見《かりたくさいけん》』が売り出された。仮宅はあちこちに点在しているため、客にとっては必須のガイドブックだった。

手ぬぐいで頬被《ほおかむ》りをした細見売りが道のあちこちに立ち、

「仮宅細見の絵図、あらたまりました細見の絵図」

と、声を張りあげ、売りさばいた。

仮宅で家賃高騰

仮宅になると妓楼が先を争ってよい物件を求めるため、いきおい借家の家賃も高騰した。

弘化《こうか》二年（一八四五）十二月五日、吉原は全焼して、浅草、本所、深川に二百五十日間の仮宅が許された。

『藤岡屋日記』によると、このとき間口《まぐち》三間《げん》（約五・五メートル）、奥行七間（約十三メートル）の店舗を角町《すみちょう》の大黒屋が三十日、四十三両の契約で借りた。また、間口三間半（約六・四メートル）、奥行十一間（約二十メートル）の店舗を、角町の二葉屋が三十日、四十五両の契約で借りたという。ともに法外な家賃である。

店舗を明け渡した商家の業種はわからないが、主人以下引越しを余儀なくされるとはいえ、仮宅の期間は左団扇《ひだりうちわ》で暮らせたであろう。

◆儲かった仮宅

つめかける客

仮宅は江戸の市中で営業するため、辺鄙《へんぴ》な地にある吉原にくらべて格段に便利である。臨時営業のため格式や伝統にもとらわれず、遊女の揚代《あげだい》も安かった。趣向《しゅこう》が変わっていて、おもしろいという客もいた。

こうして仮宅には、それまで吉原や花魁《おいらん》とは縁がなかった男たちまでもがどっと押し寄せてきた。

三一三頁の絵は、通りに男たちがあふれかえるほどのにぎわいが描かれている。ほとんどお祭り騒ぎに近い。この妓楼は仮宅でもいちおう張見世をしているが、大行灯《おおあんどん》ではなく燭台《しょくだい》をともしている。

経費減で利益増

仮宅になると、妓楼は借家で臨時営業するため、改装にある程度の金はかけたが、吉原の広壮さにくらべると急場しのぎの粗末なものだった。調度品も間に合わせの品である。家賃が高いとはいえ、壮麗な妓楼の建物の建設費や維持費にくらべるとたいしたことはなかった。

このため、経費はあまりかけずに客は大幅にふえた。値段をさげても、妓楼の利益は大きかった。

それまで経営難におちいっていた妓楼も、仮宅になって持ち直した例が少なくなかったほどである。

幕府は『新吉原町定書』で、経営不振の楼主《ろうしゅ》のなかには火事が発生すると内心で喜び、全焼をひそかに願い、消火に努めるどころか、すぐに仮宅の借り受けに走りまわっている者がいることを指摘し、一部の楼主の不心得をきびしく譴責《けんせき》している。仮宅になって有卦《うけ》に入《い》った楼主の喜びようは、よほど目に余るものがあったのであろう。

◆多発した放火

苦界のつらさに耐えかねて
頻発した吉原の火事は類焼もあるが、妓楼が火元の場合が多い。しかも、そのほとんどが遊女の放火だった。苦界《くがい》のつらさに耐え切れなくなった遊女が自暴自棄になって、火を放ったのである。

『江戸大地震之絵図　当世仮宅遊』（国会図書館蔵）

化政期以降、吉原が全焼した火事で見ると、
文政四年（一八二一）の火事
付け火をした豊菊（十五歳）は八丈島《はちじょうじま》に流罪《るざい》。
文政十一年の火事
付け火をした花鳥（十五歳）は八丈島に流罪。
文政十二年の火事
付け火をした清橋（二十七歳）は八丈島、共謀した瀬山（二十五歳）は新島《にいじま》に流罪。
天保二年（一八三一）の火事
付け火をした伊勢歌（二十二歳）は八丈島に流罪。
天保四年の火事
付け火をした吉里（十七歳）は八丈島、

共謀した藤江（二十六歳）と清滝（二十五歳）は三宅島と新島へ流罪。
弘化二年（一八四五）十二月五日の火事
玉菊（十六歳）、六浦（米浦／十六歳）、姫菊（十四歳）の放火（処分は三一五頁参照）。
嘉永二年（一八四九）の火事
付け火をした喜代川（二十五歳）が八丈島、代の春（十五歳）が三宅島に流罪。
嘉永五年（一八五二）の火事
共謀して付け火をした谷川（十九歳）、錦糸（十九歳）、玉菊（三十五歳）が八丈島に流罪。
安政三年（一八五六）の火事
付け火をした梅ケ枝（二十七歳）は八丈島に流罪。
慶応二年（一八六六）十一月四日の火事
重菊（十四歳）の放火。処分は不詳。

とあり、付け火をした遊女はほとんど流罪になった。

町奉行所も情状酌量

当時、放火は大罪で、たとえボヤに終わっても犯人は火罪《かざい》（火あぶり）に処された。

ところが、吉原を全焼させる付け火でありながら、犯人の遊女は火あぶりではなく遠島《えんとう》（流罪）に減刑されている。

これは、苦界のつらさに耐えかねて遊女が犯行におよんだとみて、町奉行所は情状《じょうじょう》酌量《しゃくりょう》したのである。町奉行所も苦界の女に同情していたことになろう。

それにしても、妓楼の虐待などを恨んだ遊女が放火をし、その結果、吉原が全焼して仮宅になると、かえって一部の楼主は内心で喜んでいたのだから、皮肉といえば皮肉といえよう。

虐待に耐えかねて付火

弘化二年の放火についての、そのいきさつが『藤岡屋日記』に記されている――。

京町二丁目にある川津屋の楼主の女房のおだいは冷酷な性格で、稼ぎの悪い抱え遊女にしばしば折檻をくわえていた。

遊女の玉菊がたまたま腹具合が悪く、用便に手間取ってしまったため、客が帰ってしまった。これを知って、怒ったおだいは塵払《ちりはら》いの棒で玉菊を打ちのめした。

ついに耐え兼ねて、玉菊は朋輩《ほうばい》の姫菊と米浦に相談した。ふたりとも日ごろからおだいの惨忍な仕打ちを恨んでいたため、

「みなで火をつけよう。そうすれば仮宅になる」

と、川津屋に放火することにした。

決行の日、姫菊は体の調子が悪くて寝ていたため、玉菊は米浦を見張りに立てておいて、火鉢の火種を持ち出し、内風呂の軒下に積んであった炭俵《すみだわら》と薪《まき》に付け火をした。たちまち火は燃えひろがり、吉原は全焼した。

火事のあと、実行犯の玉菊と見張り役の米浦は火付盗賊改《ひつけとうぞくあらため》に召し捕られた。

玉菊と米浦が牢屋敷に収監中、火事が発生して火の手が牢屋敷にせまった。いわゆる「切《き》り放《はな》ち」がおこなわれ、囚人はすべて解放される。いったん避難したあと、ふたりは所定の時刻と場所に戻ってきた。

弘化三年四月、火付盗賊改水野采女《みずのうねめ》により、玉菊と米浦は切り放ちのあとちゃんと戻ったことから中追放《ちゅうついほう》に減刑された。

いっぽうの姫菊は謀議に参加していたとして遠島に処せられたが、十五歳までは親元あずけとなった。

また、女房のおだいはその仕打ちが放火を招いたとして、急度叱《きっとしか》りとなった。

三人の遊女が火あぶりを免れたことについて、つぎのような落首《らくしゅ》が出た。

火付をも助けるものは水野さま深き御慈悲《ごじひ》ありて吉原

人々は、三人の遊女が助命されたのは水野采女の慈悲とたたえたのである。なお、川津屋は悪評が広まり、零落したという。

◆遊女には苛酷

酷使された遊女

吉原では籠《かご》の鳥の遊女も、仮宅では自由を謳歌《おうか》できた。風呂は町内の湯屋に行くし、近所の寺社に参詣することもできた。花火見物や、舟遊びに出かけることもあった。

しかし、解放感を味わうのは最初のうちだけである。

仮宅営業は遊女にとって苛酷なものだった。とにかく客がふえるため、数をこなさなければならない。

文化九年（一八一二）十一月二十一日、吉原は全焼して、浅草と本所に二百八十日間の仮宅が許されたが、『街談文々集要《がいだんぶんぶんしゆうよう》』によると、いづみ屋という小見世《こみせ》は十三人の遊女で一昼夜のあいだに九十一人の客をとったという。また、大文字屋の大井という遊女は昼十一両、夜十九両、一日で合わせて三十両を稼いだという。

尾鰭《おひれ》のついた噂としても、遊女が相手をしなければならない客の数がいかに多かったかがわかろう。

吉原をなつかしむ

仮宅では遊女は吉原以上に酷使された。

しかも、妓楼にくらべて仮宅は狭いため、個室などは望むべくもない。昼三《ちゅうさん》、座敷持《ざしきもち》、部屋持《へやもち》もみな割床《わりどこ》で客の相手をしなければならなかった。

しだいに遊女の不満も高まってくる。

天明七年（一七八七）の火事で全焼したときの仮宅を舞台にした『中洲《なかす》の花美《はなび》』（天明九年刊）に、客と遊女の会話がある――。

「仲の町も半分の余、出来たの」

「早く、あっちらへ、まいりとうござりますヨ」

また、文化十三年（一八一六）の火事で全焼したときの仮宅を舞台にした『京伝居士談』で、遊女が、

「どうしィしても、丁《ちょう》のうちより騒々しゅうおっス。モウ、仮宅もしみじみあきんしたよ」

と、述懐する場面がある。

丁（吉原）より騒々しいや、しみじみ飽きたは、もうイヤになったという意味の本

『春告鳥』（爲永春水／天保八年／早稲田大学図書館蔵）

音であろう。

遊女にとって、仮宅になるとすべての条件が悪化した。しばらくすると吉原が恋しくなってくるのも無理はなかった。とくに花魁は、仮宅では上級遊女の格式や特権など望むべくもないため吉原に帰りたがった。

上の絵は、吉原の再建が成り、仮宅から大挙して引っ越す光景である。まさにお祭り騒ぎであり、沿道には見物人がつめかけた。

仮宅の矛盾

妓楼は仮宅になると大幅に利益がふえたが、それは吉原の伝統や格式をかなぐり捨てたからにほかならない。岡場所化することで、大もうけをしたことになろう。

しかし、岡場所と同じになってしまっては、吉原の存在意義はない。それに、完全に岡場所化してしまえば、地理的に不便な吉原は市中にある岡場所に太刀《たちう》打ちできるはずもなかった。

吉原は時代がくだるにつれ、大衆化路線をとらざるを得なくなっていくが、それは自分で自分の首を絞めることでもあった。

こうした矛盾を内蔵しながら、吉原は明治維新を迎えることになる。

第十一章　吉原の歴史

◆吉原誕生

開祖は庄司甚右衛門

天正《てんしょう》十八年（一五九〇）に徳川家康《とくがわいえやす》が江戸にはいり、さらに慶長《けいちょう》八年（一六〇三）には家康が将軍に就き、江戸の建設が始まった。建設景気に沸く江戸に大量の労働力が流入してくる。こういう男たちを相手に、あちこちに女郎屋ができた。

女郎屋が散在していると治安や風紀の問題もあるとして、慶長十七年（一六一二）、柳町《やなぎちょう》（東京都中央区京橋）で女郎屋を営んでいた庄司甚右衛門《しょうじじんえもん》（甚内《じんない》）が同業者を代表して遊廓《ゆうかく》の設置を幕府に願い出た。二代将軍秀忠《ひでただ》のときである。

元和《げんな》三年（一六一七）、幕府はこの願いを許可し、葺屋町《ふきやちょう》の東隣りに、二丁《ちょう》（約二百二十メートル）四方の土地をあたえた。願い出た庄司は遊廓の惣名主《そうなぬし》に任じられた。

土地の造成と建築が始まり、元和四年（一六一八）十一月から、周囲に堀をめぐらせた遊廓が営業を開始した。

なお、幕府からあたえられたのは湿地で、葭《よし》が茂っていたため「葭原」と名付け、その後、縁起をかついで「吉」の字をあてたという説がある。

以上が吉原（元吉原《もと》）誕生の通説であり、庄司甚右衛門は吉原の開祖《かいそ》とされてきた。

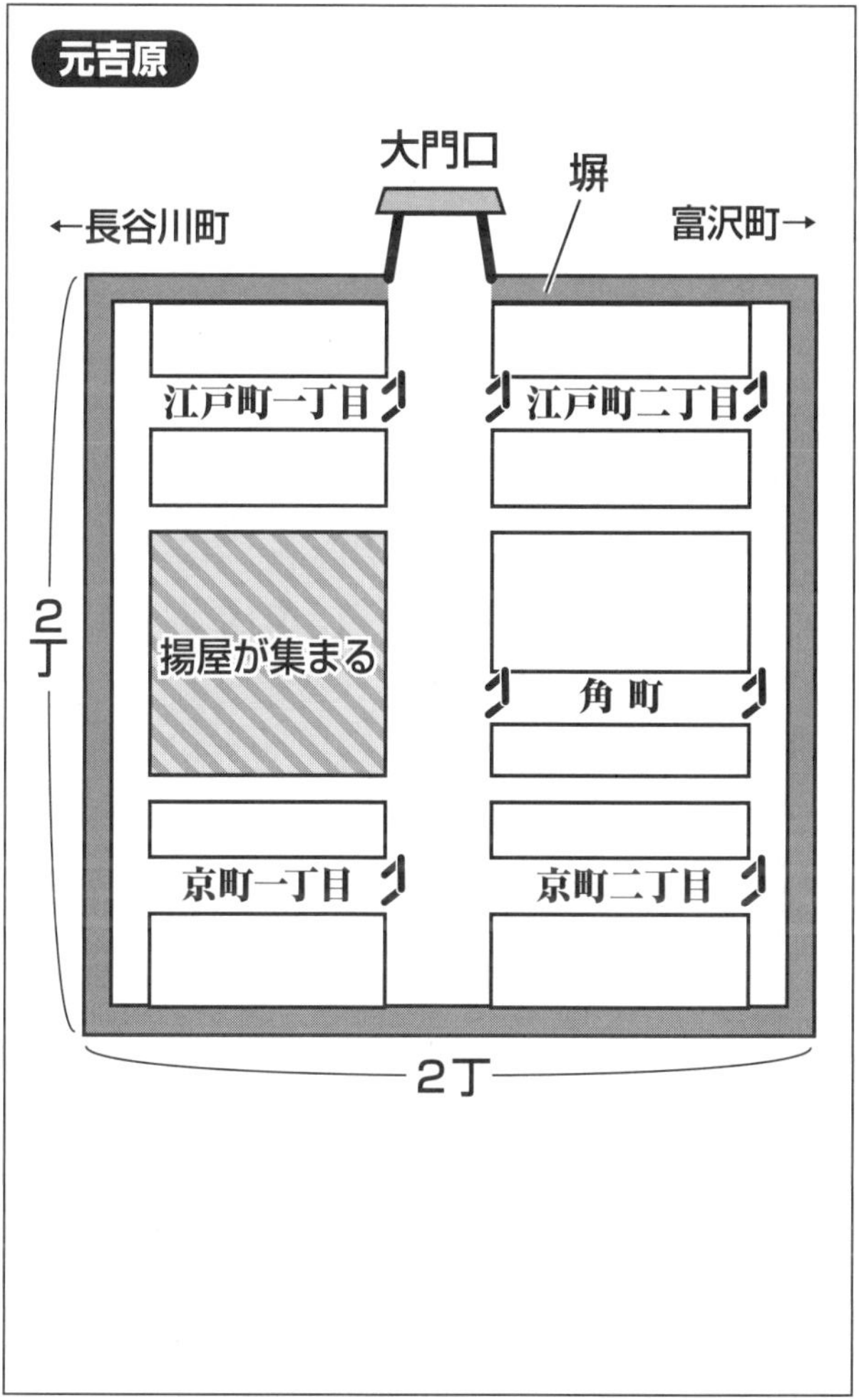
元吉原
大門口
塀
←長谷川町
富沢町→
江戸町一丁目
江戸町二丁目
揚屋が集まる
角 町
京町一丁目
京町二丁目
2丁
2丁

元吉原の遊びの仕組み

元吉原には揚屋《あげや》制度があった。客はいったん揚屋にあがり、妓楼《ぎろう》から遊女を呼び寄せる仕組みである。
つまり、妓楼は遊女の独身寮兼事務所であり、揚屋はラブホテルの役割だった。また、昼間だけの営業であり、夜間の営業は禁止されていた。
上級遊女は太夫《たゆう》、格子《こうし》、端《はし》の三階級があった。
元吉原の様子を具体的に伝える史料は皆無に近い。ほとんど唯一といえるのが『あづま物語』（寛永《かんえい》十九年）で、同書によると、
上級遊女　太夫　七十五人、格子　三十一人、端　八百八十一人
揚屋と妓楼　揚屋　三十六軒、妓楼　百二十五軒
だった。左頁の絵に当時の遊女の風俗が描かれている。右から禿《かむろ》、太夫、格子、端だが、最高位の遊女の太夫でも、その衣装も髪形も地味で質素であり、後世の花魁《おいらん》の華麗さとはくらべものにならない。

大名の隠れ遊びも

寛永《かんえい》（一六二四〜四四）のころのエピソードが『洞房語園後集《どうぼうごえんこうしゅう》』にあり、元吉原の遊びの雰囲気がわかる――。

『あづま物語』（寛永十九年／国会図書館蔵）

ある日、妓楼に三十四、五歳くらいの男がやってきた。藍《あい》の布子《ぬのこ》に股引《ももひき》姿で、草鞋《わらじ》ばき、手ぬぐいで頰かぶりをして、天秤棒《てんびんぼう》で荷物をかついでいた。

「こちらに香久山《かぐやま》どのという評判のお女郎がいると、在所で聞きましてな。たまたま近くに来たので、寄ってみました。お女郎を見物させてもらえませんでしょうかな」

ちょうどそのとき、香久山が揚屋から戻ってきた。

「ようこそおいでになりました。香久山とはわたくしのことでございます」

少しもいやな顔をせず、香久山は男を妓楼に招き入れ、下女に命じて酒の支度をさせた。

「いただくなら、しっかり燗《かん》をしたものをいただきたいものです」

そう言うと、男は自分がかついできた荷から薪《まき》を取り出し、囲炉裏《いろり》にくべた。燗ができた酒を香久山に酌《しゃく》をしてもらい、呑み干すや、

「大事のお女郎を見物して、酒までいただき、かたじけのうござる」

と礼を述べ、男は帰っていった。

しばらくして、囲炉裏からえもいわれぬよい匂いがただよい始めた。その薫香《くんこう》は元吉原のすべてに届いたほどだった。

男がくべた二本の薪は香木《こうぼく》の伽羅《きゃら》だったのである。妓楼の女房があわてて取り出して火を消し、秘蔵した。

それから半年ほどして、香久山は身請《みう》けされた。身元は秘されていたが、大名だったという。大名みずから、百姓に身をやつして香久山の人柄をたしかめに来たのだった。

宮本武蔵も遊んだ

評定所《ひょうじょうしょ》は勘定奉行《かんじょうぶぎょう》、寺社《じしゃ》奉行、町《まち》奉行の三奉行のほか老中《ろうじゅう》や大目付《おおめつけ》で構成される、幕府の最高裁判所だった。

この評定所に元吉原の遊女が出仕し、茶の給仕をするという習慣があった。遊女が蔑視される存在ではなかったことがわかる。当時、洗練された美女は遊女くらいだったという事情もあろう。ただし、この習慣は寛永のころに廃止された。

元吉原で遊んだ有名人に宮本武蔵《みやもとむさし》がいる。『宮本武蔵』（吉川英治著）によって求道的でストイックな剣豪のイメージが確立しているが、庄司甚右衛門の末裔である庄司勝富《かっとみ》の著『異本洞房語園《いほんどうぼうごえん》』によると、その人間像はやや異なる――。

宮本武蔵は雲井という遊女に馴染み、しばしばかよっていた。

寛永十四年（一六三七）、島原《しまばら》の乱がおきた。鎮圧のため西国《さいごく》の大名に出動が命じられ、武蔵も筑前福岡《ちくぜんふくおか》藩黒田《くろだ》家の軍勢に加わり、出陣することとなった。出発に先立ち、武蔵は雲井に別れの挨拶にきた。

吉原から出立するとき、雲井の紅鹿子《べにかのこ》の小袖を裏に縫い付けた黒繻子《くろじゅす》の陣羽織を着ていた。この武蔵の勇姿をひと目見ようと、妓楼の前の通りには太夫や格子の遊女が群がった。

大門《おおもん》の外で馬に乗り、武蔵は威風堂々と島原に向けて旅立ったという。

◆吉原（新吉原）の繁栄

千束村に移転、空前の繁栄

幕府は明暦《めいれき》二年（一六五六）十月、元吉原に移転を命じた。移転先として決まったのが、浅草の浅草寺《せんそうじ》の裏手にあたる千束村《せんぞくむら》である。

辺鄙《へんぴ》な地であることを考慮して、幕府は従来にくらべて五割増しの二町×三町の土地と、引越料として一万五百両をあたえた。さらに、それまでは禁じていた夜間の営業も許可した。

明暦三年（一六五七）八月、千束村の地にあらたな遊廓が完成し、営業を開始した。辺鄙な地だったにもかかわらず、遊女と泊まることができるようになったことから客が詰めかけ、吉原は空前の繁栄を迎えた。

当初は身分の高い武士が客の中心だった。五十間道《ごじっけんみち》の両側に編笠茶屋《あみがさ》が軒《のき》を並べ、客はここで借りた編笠をかぶって顔を隠し大門をくぐった。また、武士の客が馬に乗ってかよったことから浅草に馬道《うまみち》という地名が生まれたのも、このころのことである。

元吉原以来の伝統を引き継ぎ、客はいったん揚屋にあがり、そこに遊女を呼び寄せる仕組みだった。泊まることもできたので、揚屋は文字通りラブホテルとなった。

たとえば長門《ながと》という太夫を揚屋に呼ぶには、つぎのような文面の差紙《さしがみ》を妓楼の楼主《ろうしゅ》に提出しなければならなかった。

貴殿御かゝへ長門どの、御ひまに候《そうら》はゞ御かり申《もうし》たく候、御客の儀は慥成《たしかな》る御方にて、御法度《ごはっと》の御客にては無御座候《ござなくそうろう》、為念如件《ねんのためくだんのごとし》。
月　日　　揚屋　清十郎　印
月行事　善右衛門　印
三浦四郎左衛門殿

太夫にいかに格式があったかがわかる。このとき、太夫が妓楼から揚屋まで大勢の供を従えて出向く行列が後の花魁道中につながった。

元吉原時代には散在していた揚屋を一ヵ所に集め、これが揚屋町《あげやまち》となった。

万治《まんじ》元年（一六五八）の『吉原細見《よしわらさいけん》』によると、揚屋町に十九軒の揚屋、十八軒の

茶屋がある。仲《なか》の町《ちょう》の両側にはずらりと商家が軒を連ね、後年とはかなり様子が異なっていた。

太夫は大名道具

最高位の太夫は美貌だけでなく、高い教養をそなえ、気位《きぐらい》も高かった。俗に「大名道具」といわれ、太夫と遊べるのは大名か豪商くらいだった。

武家の名門に生まれた柳沢淇園《やなぎさわきえん》（柳里恭《りゅうりきょう》）は吉原に耽溺《たんでき》したが、その著『ひとりね』に遊女を「女郎さま」と書いた。

同書には仙薬《せんやく》の秘伝も記されているが、それは島原《しまばら》の遊女の糞便を吉原の遊女の尿で練ったものだという。島原や吉原の遊女がいかに男たちの

『艶本妹背山』（奥村政信／寛永元年頃／国際日本文化研究センター蔵）

憧憬《どうけい》の的だったかがわかる。

吉原で遊んだ大名のなかでもっとも有名なのが、姫路《ひめじ》藩の藩主榊原《さかきばら》政岑《まさみね》であろう。

三浦屋《みうらや》の高尾《たかお》太夫のもとにかよい、ついには身請《みう》けして側室とし、姫路に連れ帰った。この高尾は十代目といわれている。

その不行跡が幕府の譴責《けんせき》を受け、政岑は寛保《かんぽう》元年（一七四一）、藩主の座をしりぞいて隠居した。その後、榊原家は姫路から越後高田《えちごたかだ》に国替えとなった。

高尾は越後におもむく政岑に従い、同地で没した。この高尾は世に「榊原高尾」とか「越後高尾」と称された。

御三家《ごさんけ》のひとつである尾張《おわり》藩の藩主の徳川宗春《むねはる》も、春日野という遊女のもとにかよったという。時の八代将軍吉宗《よしむね》の逆鱗《げきりん》に触れ、宗春も元文《げんぶん》四年（一七三九）、尾張藩主の座から退いた。

いっぽう、豪商の紀文《きぶん》こと紀伊国屋文左衛門《きのくにやぶんざえもん》や、奈良茂《ならも》こと奈良屋茂左衛門《ならやもざえもん》が吉原で豪遊した逸話も名高い。

紀文と奈良茂はともに材木商だった。江戸は大火が多く、火事のあとには復興特需《とくじゅ》がおきる。ふたりは材木をいち早く買い占め、高く売ることで巨万の富を手にした。

とくに紀文は「大門を打った」、つまり大門を締め切って吉原を借りきりにしたなどという伝説がある。

こうした野放図《のほうず》な蕩尽《とうじん》の背景には、当時の社会・経済事情もあった。

現代では大金の使い道に事欠かないが、紀文や奈良茂のころにはあまり買う物がなかった。また、産業も未発達だったから、ほかの分野に投資することもできないし、海外進出もできない。濡れ手に粟《あわ》で得た大金は吉原でまき散らすくらいしか使い道がなかった。おかげで吉原はうるおい、廓《くるわ》文化も花開いた。

高尾伝説

仙台《せんだい》藩の三代藩主伊達綱宗《だてつなむね》が高尾太夫に思いを寄せた。ところが、高尾には恋しい

『高尾岩井粂三郎　よりかね坂東彦三郎』（文久元年／歌川豊国／国会図書館蔵）芸居となって人気を博した高尾は、錦絵にも描かれている。

男がいたため、つれない態度をとる。意地になった綱宗は大金を投じて身請けしたが、それでもいうことをきかない。ついに、綱宗は刀を抜き放ち、隅田川に浮かべた舟の上で高尾を斬殺《ざんさつ》したという。この高尾太夫を世に「仙台高尾」と伝えている。

高尾は京町《きょうまち》の三浦屋に代々襲名されてきた太夫名であるが、七代までいたとも十一代までいたとも諸説がある。綱宗が身請けしたのは何代目の高尾なのかはっきりしない。

そもそも、伊達綱宗が高尾を斬《き》り殺したというのは史実ではない。足利頼《あしかがより》兼《かね》を伊達綱宗に擬《ぎ》した歌舞伎《かぶき》『伊達競《だてくらべ》阿国戯場《おくにかぶき》』で人口《じんこう》に膾炙《かいしゃ》した伝説にすぎないのだが、金や権力にはなびかないという吉原の遊女の意気地《いきじ》と張りを象徴する逸話として喧伝《けんでん》された。

三三〇－三三一頁の絵は高尾太夫だが、何代目なのかは不明である。

◆大衆化した吉原

宝暦期が境

格式と伝統を誇っていた吉原の繁栄にも、徐々にかげりが見えてきた。

原因は、岡場所や、品川や内藤新宿など宿場《しゅくば》の女郎屋の台頭である。とくに岡場所は市中にあることから便利であり、格式や伝統にもとづくややこしい手続きもなく、揚代《あげだい》も安かった。客が岡場所や宿場に流れるのは当然であろう。

いっぽうでは、武士階級が窮乏《きゅうぼう》するのと対照的に、町人が経済的な実力をつけてきたことがある。藩財政の悪化にともない、大名も隠れ遊びなどできなくなった。

吉原も伝統と格式にあぐらをかいていては経営が成り立たなくなってきたのである。庶民を客にするため、大衆化路線をとらざるを得なかった。

宝暦《ほうれき》期（一七五一～六四）に揚屋の制度がなくなり、太夫や格子の位も消滅した。

この宝暦期を境に、吉原は変化したといえよう。それまでの武士中心から変わって、庶民の吉原になった。もちろん、庶民といっても貧乏人には縁のない世界だったことに変わりはない。

ただし、いつの時代にも、昔はよかったと過去をなつかしむ人はいる。『郭中掃除《かくちゅうそうじ》雑編《ざっぺん》』（安永《あんえい》六年）に、つぎのような述懐があり、

「この里、往古《おうこ》の全盛はいうまでもなし。二十四、五年以前までは、太夫格子《たゆうこうし》という者ありて揚屋に遊び、さばかりの繁栄なりしが、二十年このかた、いつとなく物淋《ものさみ》しくなり、太夫格子もしだいに売れず、揚屋も従って亡びたり……」

と、太夫や格子という上級遊女や、揚屋の制度をなつかしんでいる。

安永六年（一七七七）から二十四、五年以前は、ちょうど宝暦期である。当時の人も、宝暦期を境に吉原が変わったのを実感していた。

衰退が始まる

宝暦期以降、吉原は揚屋の制度を廃止し、太夫もなくして大衆化路線に舵《かじ》を切った。紋日《もんび》も大幅に削減して客の負担を軽くした。かつては吉原の格式の象徴でもあった不《ふ》実《じつ》の客への制裁も、有名無実になった。

それでも、岡場所や宿場へ向かう客の流れを大きく変えることはできなかった。

式亭三馬《しきていさんば》の日記である『式亭雑記』の文化《ぶんか》八年（一八一一）五月六日の項に、

「この節、吉原甚《はなは》だ不景気なり……三馬想《おも》うに、四五年前に比《ひ》しては游女の数も少な

く、名妓《めいぎ》というべきもの、半《なか》ばは減じたり」

とあり、文化八年ころ吉原は不景気だったことがわかる。

有名妓楼の倒産も珍しくなかった。

江戸町一丁目の扇屋《おうぎや》は多くの名妓を輩出した大見世で、楼主は俳名を墨河《ぼくが》という俳人だった。山東京伝《さんとうきょうでん》の前妻が扇屋抱えの遊女だったことでも知られる。

ところが、京伝の弟の山東京山《きょうざん》著『蛛《くも》の糸巻』によると、墨河の死後、扇屋は勢いを失い、文政《ぶんせい》（一八一八〜三〇）の末にはついに廃業し、子孫は吉原を去った。京山が聞いたところによると、墨河の孫にあたる娘が内藤新宿で遊女になっているという。京山は兄京伝と墨河の関係を知っているだけに、さぞ感慨無量であったろう。

このように衰退の傾向にあった吉原だが、あくまで往時の全盛期にくらべると、である。吉原のひとり勝ちは終わり、宿場や岡場所などと競い合う時代になったという見方もできよう。

しかし、競争相手ではあっても、宿場や岡場所はとうてい吉原と同列ではなかった。やはり吉原は「腐《くさ》っても鯛《たい》」であり、遊里のなかで別格だった。格式と伝統にささえられ、男たちのあこがれの場所であり続けた。

遊女の大安売り

吉原は岡場所を商売敵《がたき》とみて、しばしば町奉行所に取り締まりを要請した。

本来、岡場所は違法営業であり、町奉行所は取り締まらなければならないのだが、見て見ぬふりをしていた。

ただし、天明《てんめい》七年（一七八七）に始まった老中松平定信《まつだいらさだのぶ》による寛政《かんせい》の改革や、天保《てんぽう》十二年（一八四一）に始まった老中水野忠邦《みずのただくに》による天保の改革では、岡場所は徹底的な取り締まりを受けて取り払われた。このとき捕らえられた私娼はすべて吉原に送られた。

皮肉なことに、これが吉原の質の低下をもたらした。岡場所の私娼が吉原の遊女になってしまえば、もう吉原の格式はどこにもない。

こうして、吉原の客離れはますます進んだ。

嘉永《かえい》四年（一八五一）、経営不振に苦しむ妓楼が起死回生を期して、大胆な策に打って出た。遊女大安売りの引札《ひきふだ》（広告チラシ）を配布したのである。『武江《ぶこう》年表』の嘉永四年の項に、

「三月、吉原角町万字屋茂吉《まんじやもきち》、江戸中へ遊女大安売りの報帖《ひきふだ》を配る（これにならいし家二軒あり）」

とあり、かなり話題になったようだ。

このときの万字屋の引札を次頁に示したが、それによると、

角町の万字屋が配布した遊女大安売りの引札（早稲田大学図書館蔵）

座敷持《ざしきもち》遊女　金一分のところ、銀十二匁《もんめ》へ
部屋《へや》持《もち》遊女　金二朱のところ、銀六匁へ
内芸者　金二朱のところ、銀六匁へ
と値下げし、さらに床花《とこばな》などの祝儀は客の随意とした。また、引手茶屋《ひきてぢゃや》や船宿《ふなやど》を通すのは客に余分な負担をかけることにつながるため、断わるという徹底ぶりである。
この価格破壊は評判となり、客がどっと万字屋につめかけた。
これに刺激されたのか、京町二丁目の大和屋と金沢屋、それに角町の若狭屋が同じような値下げを告知する引札を作って配った。
とくに金沢屋では、

『豊国画帖 三浦の小紫・白井権八』（豊国／万延元年／国会図書館蔵）

座敷持遊女　金一分のところ、金二朱へ
部屋持遊女　金二朱のところ、銀五匁へ
内芸者　金二朱のところ、銀四匁へ
と、万字屋よりもさらに値下げし、半額にするという大胆さである。
けっきょく、この皺寄《しわよ》せが遊女に向かったであろうことは想像に難くない。こうした価格競争を演じながら、吉原は幕府の崩壊と明治維新を迎える。

名妓の数々

江戸の吉原の締めくくりとして先述した歴代の高尾のほかに、名妓をあげておこう。
元吉原では勝山髷《かつやままげ》の由来となった勝山、

玉菊灯籠《たまぎくどうろう》の由来となった玉菊が有名である。

吉原では扇屋の花扇《はなおうぎ》。松葉屋の二代瀬川《せがわ》。烏山検校《からすやまけんぎょう》に身請けされたのは三代瀬川である。そのほか薄雲《うすぐも》、大隅《おおすみ》、八重梅《やえうめ》、薫《かおる》、二代小紫《こむらさき》などで、二代小紫は白井権八《しらいごんぱち》との熱愛が芝居に仕立てられて伝説となった。前頁の絵は、小紫と白井権八である。

◆明治、大正、昭和の吉原

貸座敷と看板を変える

江戸幕府が崩壊したあとも、吉原の遊廓としての営業は続いた。

西欧諸国から遊女の人身売買をきびしく批判されたのを受け、明治政府は明治五年（一八七二）、娼妓《しょうぎ》解放令を発した。しかし、表向きである。

妓楼は貸座敷《かしざしき》と名称を変え、娼妓（遊女）はあくまで座敷を借りて自由意志で営業しているという建前をとったが、遊女の境遇や妓楼の実態は江戸時代とほとんど変わらなかった。

三四三頁上の絵は明治二十九年発行の錦絵《にしきえ》で、大門《おおもん》から仲《なか》の町《ちょう》をながめたものである。男の髪形や衣装には「文明開化」が見られるが、遊女の姿はほとんど変わっていない。下は同じく明治期の花魁の写真だが、その風俗は江戸時代と同じだった。

明治二十五年、遊女の年齢は十六歳以上と定められた。

明治三十三年、娼妓取締規則《しょうぎとりしまりきそく》が公布され、遊女の人権に若干の配慮をしつつも国として公娼《こうしょう》制度を認めた。つまり一定の規制さえ守れば、売春は合法となったのである。このとき、遊女の年齢は十八歳以上と定められた。

いっぽう、遊女の性病を検査する検黴《けんばい》制度も義務付けられた。当初はうまく機能しなかったが、コンドームが徐々に普及したことや、軍隊が徴兵《ちょうへい》で招集した若い男に性病予防教育を徹底したこともあって、遊女が性病の媒介者になる危険度は減少していった。

大正〜昭和初期の吉原

『光明《こうみょう》に芽《め》ぐむ日』という手記がある。著者の森光子は明治三十八年（一九〇五）、群馬県高崎市に生まれ、家が貧しかったことから大正十三年（一九二四）、十九歳で吉原の妓楼「長金花《ちょうきんか》」に売られた。

同書によると、周旋屋《しゅうせんや》（女衒《ぜげん》）は光子にこう言ったという。

「お客は幾人も相手にするけれど、騒いで酒のお酌《しゃく》でもしていればそれでよいのだから、喰物《くいもの》だって東京の腕利《うでき》きの御馳走《ごちそう》ばかり、部屋なんかも、とても立派でね、まるで御殿《ごてん》の様なものですよ。お金にも不自由しないし、着物は着られるし、二三年も経《た》てば立派になって帰って来られるのだから」

こうして、光子は六年の年季《ねんき》で千三百五十円で売られたのだが、周旋屋が二百五十円を差し引いたので、光子の親が受け取ったのは千百円だった。

同書から、そのころの吉原の遊興費（揚代）がわかる。

時間遊び　一時間―二円　四時間―甲《こう》六円　乙《おつ》五円
全夜遊び（夕方六時から翌朝八時まで）甲十二円　乙十円
高級の甲と下級の乙では寝具など、すべてに差があった。

また、ある日の光子の客数は十人で、初会《しょかい》が三人、馴染《なじ》みが七人だった。これほど働いても借金が減らないと嘆いている。

太平洋戦争開始前の吉原については、『吉原はこんな所でございました』に描かれている。

吉原は全町およそ三万坪あり、江戸町一丁目、江戸町二丁目、角町、揚屋町、京町一丁目、京町二丁目の六つの町で構成されていた。

貸座敷（妓楼）、引手茶屋、芸者屋の三つの組合があり、それを三業組合が取り仕切っていた。

明治の大門
（明治二十九年／都立中
央図書館特別文庫室蔵）
明治の花魁
（長崎大学付属図書館蔵）

貸座敷は大見世、中見世、小見世があり、合わせて百一軒で、なかでも大見世の大文字楼は敷地が約四百坪あった。引手茶屋は四十八軒、芸者屋は二十九軒あった——。

なお、現在演じられている吉原を舞台にした古典落語の多くは意外にも明治から昭和初期にかけてのものが多い。江戸の吉原は、基本的にこのころまで受け継がれていたといえよう。

戦後は特飲、そして廃止

昭和二十年（一九四五）の敗戦と占領軍の進駐にともない、吉原も変身した。

昭和二十一年、吉原の楼主代表は先手を打って公娼廃止を警視庁に申し出て、年季《ねんき》証文《しょうもん》も破棄した。女性の自由営業という形をとったのである。

昭和二十二年、吉原遊廓は特殊飲食店街《とくしゅいんしょくてんがい》と改称し、略して「特飲《とくいん》」と呼ばれた。しかし、吉原が売春街である実態に変わりはなかった。

警察がもとの遊廓地帯を地図上に赤線《あかせん》で囲んだことから、「赤線」とか「赤線地帯」とも呼ばれるようになる。

いっぽう、戦後、抗生物質の出現によって性病は完治するようになった。コンドームの使用とあいまって遊女が性病の媒介者となる危険性はほぼなくなった。

昭和三十一年、売春防止法が成立した。

明治中期の張見世（長崎大学付属図書館蔵）

昭和三十三年四月一日、売春防止法が本格施行され、吉原は遊廓としての歴史に終止符を打った。元吉原の時代からすると三百四十年の長きにわたる遊廓がついに終わったのである。

警視庁防犯部が昭和三十三年に制作した『赤線』という記録映画がある。廃止直前の東京各地の赤線の実態を赤裸々に撮影したもので、もちろん吉原もふくまれており、貴重な映像資料である。

その映像を見ると、吉原の遊女は和服姿が大多数で、営業時間前の昼間はみな和服の上に真っ白な割烹着《かっぽうぎ》を着ている。着物を汚さないための配慮はもちろんだが、割烹着が当時の流行だったからであろう。

数人連れで吉原病院に検診《けんしん》（性病の検

査のため）に行く遊女が映っているが、みな純白の割烹着を着ている。外見からは、当時の近所の商店に買物に行く主婦の姿と少しも変わらない。遊女が特別の存在だった江戸の吉原とは確実に異なっている。

現在、吉原という地名は東京の地図には存在しないが、東京都心でタクシーに乗り、行き先は「吉原」とひとこと伝えるだけで、運転手は迷うことなく台東区千束のソープランド街に連れて行ってくれるであろう。かつての吉原の地である。

いま吉原は、日本でも有数のソープランド街の名称である。

引用・参考文献

あづま物語　江戸吉原叢刊第一巻　八木書店
江戸真砂六十帖・塵塚談　燕石十種第一巻　中央公論社
奴師労之・蛛の糸巻　燕石十種第二巻　中央公論社
異本洞房語園・近世江都著聞集・吉原雑話・江戸塵拾　燕石十種第五巻　中央公論社
新吉原町定書　燕石十種第六巻　中央公論社
式亭雑記・洞房語園後集　続燕石十種第一巻　中央公論社
花街漫録正誤　新燕石十種第四巻　中央公論社
新吉原細見記考　鼠璞十種上巻　中央公論社
青楼年暦考　未刊随筆百種第二巻　中央公論社
事々録　未刊随筆百種第三巻　中央公論社
きゝのまにまに　未刊随筆百種第六巻　中央公論社
江戸愚俗徒然噺　未刊随筆百種第七巻　中央公論社
古今吉原大全　洒落本大成第四巻　中央公論社
婦美車紫鹿子・里のをだ巻評　洒落本大成第六巻　中央公論社
郭中掃除雑編・契情買虎之巻　洒落本大成第七巻　中央公論社
雲井双紙　洒落本大成第十巻　中央公論社
総籬・曾我糠袋・吉原やうし・志羅川夜船　洒落本大成第十四巻　中央公論社
傾城買四十八手・文選臥坐　洒落本大成第十五巻　中央公論社
娼妓絹籭・錦之裏・取組手鑑　洒落本大成第十六巻　中央公論社

客物語　洒落本大成第十七巻　中央公論社
部屋三味線・遊僊窟烟之花　洒落本大成第十九巻　中央公論社
恵比良濃梅・廓之桜・後編婀意妃　洒落本大成第二十巻　中央公論社
商内神・穴可至子・狐竇這入・吉原談語・竅学問・青楼娭言解　洒落本大成第二十一巻　中央公論社
素見数子　洒落本大成第二十二巻　中央公論社
遊女大学　洒落本大成第二十四巻　中央公論社
家満安楽志・四季の花・ふたもと松・青楼籬の花　洒落本大成第二十五巻　中央公論社
後編吉原談語・廓宇久為寿・京伝居士談・遊子娯言　洒落本大成第二十六巻　中央公論社
青楼快談玉野語言・青楼女庭訓・花街寿々女　洒落本大成第二十七巻　中央公論社
新宿晒落梅の帰咲　洒落本大成第二十八巻　中央公論社
傾城三略巻　洒落本大成第二十九巻　中央公論社
損者三友　洒落本大成補巻　中央公論社
半日閑話　日本随筆大成第一期第八巻　吉川弘文館
宮川舎漫筆　日本随筆大成第一期第十六巻　吉川弘文館
兎園小説　日本随筆大成第二期第一巻　吉川弘文館
兎園小説拾遺　日本随筆大成第二期第五巻　吉川弘文館
北窻瑣談　日本随筆大成第二期第十五巻　吉川弘文館
一話一言　日本随筆大成別巻　吉川弘文館
宝暦現来集　続日本随筆大成別巻　吉川弘文館
傾城鱶　新編稀書複製会叢書第七巻　臨川書店
松楼私語　大田南畝全集第十巻　岩波書店

百鬼夜行　艶色浮世絵全集第十二巻　河出書房新社
華古与見　定本浮世絵春画名品集成十二　河出書房新社
正寫相生源氏　定本浮世絵春画名品集成十九　河出書房新社
金草鞋初編　十返舎一九全集第二巻　日本図書センター
浮世風呂　新日本古典文学大系八十六　岩波書店
浮世床・春告鳥　日本古典文学全集四十七　小学館
傾城禁短気　日本古典文学大系九十一　岩波書店
けいせい色三味線　新日本古典文学大系七十八　岩波書店
色道諸分難波鉦　岩波書店
春色恵の花・春色梅美婦禰　梅暦　岩波書店
仮名文章娘節用・閑情末摘花　人情本集　日本名著全集刊行会
三日月阿専・郭の花笠　人情本刊行会
娘消息　人情本代表作集　国民図書
朧月猫の草紙　河出書房新社
街談文々集要　近世庶民生活史料　三一書房
藤岡屋日記　近世庶民生活史料　三一書房
世事見聞録　岩波書店
近世風俗志（守貞謾稿）　岩波書店
大江戸世相夜話　藤田覚著　中央公論新社
幕末百話　篠田鉱造著　岩波書店
ひとりね　近世随想集　日本古典文学大系　岩波書店

形影夜話　洋学上　日本思想大系　岩波書店
吉原十二時　江戸狂歌本選集第十巻　東京堂出版
武江年表　平凡社
遊廓の世界　中村芝鶴著　評論社
吉原花魁日記（光明に芽ぐむ日）　森光子著　朝日新聞出版
春駒日記　森光子著　朝日新聞出版
吉原はこんな所でございました　福田利子著　社会思想社
江戸参府紀行　斎藤信訳　平凡社
ポンペ日本滞在見聞記　沼田次郎・荒瀬進訳　雄松堂書店
江戸幕末滞在記　長島要一訳　新人物往来社
台東区史・通史編　東京都台東区

図版作成　中村彩香
イラストレーション　堀口順一朗
写真　永井義男（著者）

図説《ずせつ》 吉原事典《よしわらじてん》
朝日文庫

2015年９月30日　第１刷発行
2025年２月20日　第４刷発行

著　　者　永《なが》井《い》義《よし》男《お》

発 行 者　宇都宮健太朗
発 行 所　朝日新聞出版
〒104-8011　東京都中央区築地5-3-2
電話　03-5541-8832（編集）
03-5540-7793（販売）
印刷製本　大日本印刷株式会社

Published in Japan by Asahi Shimbun Publications Inc.
定価はカバーに表示してあります

ISBN978-4-02-264791-7
落丁・乱丁の場合は弊社業務部（電話 03-5540-7800）へご連絡ください。
送料弊社負担にてお取り替えいたします。

《項目索引》

◆あ

合印　あいじるし …… 138
赤線　あかせん …… 344
登楼る　あがる …… 165
秋葉権現　あきばごんげん …… 26、303
秋葉常灯明　あきばじょうとうみょう …… 26
悪所／悪所場　あくしょ／あくしょば …… 22
揚代　あげだい …… 27、38、83、92、94、99、305、311
揚屋　あげや …… 148、324、329、334
揚屋町　あげやまち …… 20、29、329
浅黄裏　あさぎうら …… 282
後清め　あときよめ …… 280
あの子　あのこ …… 117
ありんす言葉　ありんすことば …… 231
行灯部屋　あんどんべや …… 86、241、255
按摩　あんま …… 113

◆い

いいひと …… 233
意気地と張り　いきじとはり …… 174、334
医師／医者　いし／いしゃ …… 19、22、288
居続け　いつづけ …… 74、107、189
井戸　いど …… 84
稲荷社　いなりしゃ …… 20、120
亥の子の祝い　いのこのいわい …… 302
情男　いろ …… 243、257

◆う

うがい茶碗　うがいぢゃわん …… 186
憂河竹　うきかわたけ …… 47
打掛　うちかけ …… 203

内芸者　うちげいしゃ …… 77、160、242
内風呂　うちぶろ …… 86、106
馬道　うまみち …… 140、329
裏　うら …… 170
裏茶屋　うらぢゃや …… 118、241
裏長屋　うらながや …… 30
うら屋さん　うらやさん …… 112
裏を返す　うらをかえす …… 170
上草履　うわぞうり …… 211

◆え

易者　えきしゃ …… 112、236
江戸町　えどちょう …… 20
衣紋坂　えもんざか …… 18
縁起棚　えんぎだな …… 85、156
遠島　えんとう …… 315
縁日　えんにち …… 121、299

◆お

花魁　おいらん …… 34、319
花魁道中　おいらんどうちゅう …… 26、35、148、226、301、329
おうま／おんま …… 228
大行灯　おおあんどん …… 159
大田南畝　おおたなんぽ …… 55、66、290
大引け　おおびけ …… 146
大見世　おおみせ …… 27、83、98、138
大門　おおもん …… 22、52、298
大門を打つ　おおもんをうつ …… 332
おかさん …… 99
岡っ引　おかっぴき …… 23
岡場所　おかばしょ …… 16、309、319、336
桶伏せ　おけぶせ …… 273
おしげり …… 155、233
お職　おしょく …… 34、156

お女郎見物　おじょろうけんぶつ ……………………32
お店者　おたなもの ……………………126、287
お茶をひく　おちゃをひく ……………………265
お歯黒　おはぐろ ……………………210
お歯黒どぶ　おはぐろどぶ ……………………20、211、262
おばさん……………………220
お針　おはり ……………………76
帯　おび ……………………203
お披露目　おひろめ ……………………54、148
おふれ……………………156
表座敷　おもてざしき ……………………90
表通り　おもてどおり ……………………26
親孝行　おやこうこう ……………………47、239
隠密廻り同心　おんみつまわりどうしん……………………23

◆か

街娼　がいしょう ……………………17、42
階段　かいだん ……………………84
顔見せ　かおみせ ……………………148
掛廻り　かけまわり ……………………72、99
駕籠　かご ……………………22、128
駕籠かき人足　かごかきにんそく ……………………128
かこつけ場所　かこつけばしょ ……………………280
瘡ッかき　かさっかき ……………………251
火事　かじ ……………………308、312
貸座敷　かしざしき ……………………340
貸本屋　かしほんや ……………………114、234
河岸見世　かしみせ ……………………27、92、108、206、294
看板板　かんばんいた ……………………85
刀　かたな ……………………165
刀掛　かたなかけ ……………………85、100
勝山　かつやま ……………………226、339
冠木門　かぶきもん ……………………22
加保茶元成　かぼちゃのもとなり ……………………65

髪洗い日　かみあらいび ……………………………… 213
髪結　かみゆい ……………………………… 110、119
禿　かむろ ……………………… 36、110、229、254、302
烏山検校　からすやまけんぎょう……………………57
仮宅　かりたく ……………………………………… 308
仮宅細見　かりたくさいけん ……………………… 310
簪　かんざし ………………………………………… 200
甘露梅　かんろばい ……………………… 124、300

◆き

起請文　きしょうもん ……………………………… 256
木戸門　きどもん ……………………………………20
紀伊国屋文左衛門　きのくにやぶんざえもん………… 185、332
切手　きって ……………………………………… 24、52
狐舞　きつねまい ………………………… 103、303
喜の字屋　きのじや ……………………… 105、198
後朝の別れ　きぬぎぬのわかれ ………………… 186
客引き　きゃくひき ……………………………………73
灸　きゅう ………………………………… 227、257
給金　きゅうきん ………………………… 43、129
妓夫　ぎゅう ……………………………………… 233
妓夫台　ぎゅうだい ……………………………… 71、82
行商人　ぎょうしょうにん ……………… 84、114
行水　ぎょうずい ………………………… 229、233
競売　きょうばい ……………………………………45
京町　きょうまち ……………………………………20
切見世　きりみせ ………………………………… 27、94
妓楼　ぎろう ……………………5、27、79、268、324
勤番武士　きんばんぶし …………………3、144、282

◆く

苦界　くがい …………………………………………47
苦界十年　くがいじゅうねん ………………………51
くくり猿　くくりざる …………………………… 212

櫛　くし……111、200
鞍替え　くらがえ……51、92、241、266
廓　くるわ……3、332
黒板塀　くろいたべい……20、121、263
玄人　くろうと……206、277
九郎助稲荷　くろすけいなり……120、236、299

◆け

芸者　げいしゃ……77、102、305
傾城　けいせい……32
消炭　けしずみ……155、233
月経　げっけい……228
下男下女　げなんげじょ……79
げびぞう……233
げんさん……233
源氏名　げんじな……33
検黴制度　けんばいせいど……341
見番　けんばん……77、101
見番芸者　けんばんげいしゃ……102、242

◆こ

笄　こうがい……200、240
高札場　こうさつば……19
格子　こうし……35、324、334
格子　こうし……82、156
公娼　こうしょう……17
肥汲み　こえくみ……115
御供　ごくう……230
五十間道　ごじっけんみち……18、328
コツ　こつ……241
小柄　こづか……165
ごつさん……99
呉服屋　ごふくや……111、234
小間物屋　こまものや……111、119、234

小見世　こみせ……27、83、92、138
転ぶ　ころぶ……78
金精神　こんせいじん……85、214

◆さ

細見売り　さいけんうり……136
西方寺　さいほうじ……133
榊原政岑　さかきばらまさみね……331
盃　さかずき……88、166
雑魚寝部屋　ざこねべや……86
座敷持　ざしきもち……35
里　さと……22
里子　さとご……254
里の勤め　さとのつとめ……50
晒し　さらし……260、289
三回目　さんかいめ……174
三々九度　さんさんくど……166
山東京伝　さんとうきょうでん……251、292、336
山谷堀　さんやぼり……126、140

◆し

椎の木屋敷　しいのきやしき……142
仕置き　しおき……268、272
地女　じおんな……277
敷き初め　しきぞめ……208
直きづけ　じきづけ……149
私娼　ししょう……17
七月十三日　しちがつじゅうさんにち……301
質屋　しちや……239
湿ッかき　しつっかき……251
しつけ……229
忍返　しのびがえし……20、263
シーボルト　しーぼると……248
始末屋　しまつや……118、273

島原　しまばら ……………………………15、221、226、330
地廻り　じまわり ……………………………… 294
下掃除　しもそうじ ……………………………… 116
借金　しゃっきん ……………………… 51、54、243
三味線　しゃみせん ……………………104、160、216
祝儀　しゅうぎ ……………………40、67、182、184、270
周旋屋　しゅうせんや ……………………………… 341
襲名　しゅうめい ………………………………33
宿場　しゅくば ……………………………… 16、334
首尾の松　しゅびのまつ ……………………………… 142
娼家　しょうか ……………………………… 5
商家　しょうか ………………………………29
上開　じょうかい ……………………………… 219
倡家の法式　しょうかのほうしき ……………… 270、273
浄閑寺　じょうかんじ ……………………132、255、267
床机　しょうぎ ………………………………82
娼妓　しょうぎ ……………………………… 340
娼妓解放令　しょうぎかいほうれい……………… 340
娼妓取締規則　しょうぎとりしまりきそく……………… 341
庄司甚右衛門／甚内　しょうじじんえもん／じんない ……… 322
精進落し　しょうじんおとし ……………………… 279
商売あがり　しょうばいあがり ………………………60
初会　しょかい ……………………………… 166、170
除毛　じょもう ……………………………… 212
女郎　じょろう ……………………………… 5、32
じれったい……………………………… 233
素人　しろうと ……………………… 59、205、277
四郎兵衛会所　しろべえかいしょ ……………… 24、52、262
白無垢　しろむく ……………………………… 301
心中　しんじゅう ……………………………… 260
甚介　じんすけ ……………………………… 200
新造　しんぞう ……………………………… 36、52
新造出し　しんぞうだし ……………………… 52、148
新内節　しんないぶし ……………………………… 104

新町　しんまち …… 15、219、223
新吉原　しんよしわら …… 14、328
新吉原総霊塔　しんよしわらそうれいとう …… 133

◆す

素足　すあし …… 211
吸いつけ煙草　すいつけたばこ …… 82、159
水道尻　すいどじり …… 26
清掻　すががき …… 160、309
好かねえ　すかねえ …… 233
杉田玄白　すぎたげんぱく …… 249
素見　すけん …… 163、294
寿司売り　すしうり …… 115
鈴　すず …… 85、156
硯蓋　すずりぶた …… 152、166、197
角町　すみちょう …… 20

◆せ

蒸籠　せいろう …… 54
瀬川　せがわ …… 57、340
赤飯　せきはん …… 54
女衒　ぜげん …… 43、129、341
折檻　せっかん …… 67、178、265
浅草寺　せんそうじ …… 14、32
千束村　せんぞくむら …… 14、328
全裸　ぜんら …… 176

◆そ

惣仕舞い　そうじまい …… 285
惣花　そうばな …… 184
惣半籬　そうはんまがき …… 83
惣籬　そうまがき …… 83
僧侶　そうりょ …… 127、288
袖の梅　そでのうめ …… 122

外八文字　そとはちもんじ …… 149、226
蕎麦　そば …… 42、54

◆た

太神楽　だいかぐら …… 103、119、298
太鼓持ち　たいこもち …… 101
大道芸人　だいどうげいにん …… 103
台所　だいどころ …… 86
大福帳　だいふくちょう …… 85
大名　だいみょう …… 22、165、324、330
台屋　だいや …… 104、106、196
高尾　たかお …… 33、134、331、332
滝沢馬琴　たきざわばきん …… 293
竹村伊勢　たけむらいせ …… 122、153
たそや行灯　たそやあんどん …… 26
立兵庫　たてひょうご …… 200
煙草盆　たばこぼん …… 156、166
足袋　たび …… 211
旅人衆　たびびとしゅう …… 233
玉菊灯籠　たまぎくどうろう …… 101、301、304
玉子売り　たまごうり …… 114
樽代　たるだい …… 57
太夫　たゆう …… 14、35、148、324、330、334
便り屋どん　たよりやどん …… 233
反物　たんもの …… 54、111

◆ち

昼三　ちゅうさん …… 35
中条流　ちゅうじょうりゅう …… 253
昼食　ちゅうしょく …… 195、197
中見世　ちゅうみせ …… 27、83、100
中郎　ちゅうろう …… 75
丁　ちょう …… 22
丁子風呂　ちょうじぶろ …… 109

朝食　ちょうしょく ……………………………………… 188、195
猪牙舟　ちょきぶね ……………………………………… 126、141

◆つ

通人　つうじん ……………………………22、126、182、282
付馬　つきうま ……………………………………… 118、273
突出し　つきだし ………………………………………………54
月役七日　つきやくなのか ……………………………… 228
つけことわり……………………………………………… 270
蔦屋重三郎　つたやじゅうざぶろう…………………… 136
つとめ／おつとめ…………………………………………38
勤めあがり　つとめあがり ……………………… 60、253
局見世　つぼねみせ ………………… 27、94、108、294
積夜具　つみやぐ ………………………………………… 208
詰め紙　つめがみ ……………………………… 227、253
つりつり…………………………………………………… 266
釣瓶蕎麦　つるべそば …………………………………… 124

◆て

出合茶屋　であいぢゃや ……………………………… 118
出格子　でごうし ……………………………………………90
手形　てがた …………………………………………………52
手紙　てがみ ……………………………………… 215、234
手ぬぐい　てぬぐい ……………………………… 236、303
出養生　でようじょう …………………………………… 254
手練手管　てれんてくだ ……………… 177、189、218、223

◆と

逃亡　とうぼう …………………………………………… 262
登楼　とうろう …………………………………… 149、165
徳川宗春　とくがわむねはる …………………………… 332
特殊飲食店街／特飲
　とくしゅいんしょくてんがい／とくいん ………… 344
床急ぎ　とこいそぎ ……………………………………… 167

床入　とこいり ……………………………… 175
床着　とこぎ ……………………………… 177、204
床上手　とこじょうず ……………………………… 218
床花　とこばな ……………………………… 182
床廻し　とこまわし ……………………………… 72
時札　ときふだ ……………………………… 194
とってくる ……………………………… 233
土手八丁　どてはっちょう ……………………………… 18、128
土間　どま ……………………………… 84
泥水稼業　どろみずかぎょう ……………………………… 47
鳥屋につく　とやにつく ……………………………… 250

◆な

内所／内証　ないしょ／ないしょう ……………………………… 64、85、240
なおす ……………………………… 103
中　なか ……………………………… 22
仲の町　なかのちょう ……………………………… 25、98、304
仲の町芸者　なかのちょうげいしゃ ……………………………… 102
中宿　なかやど ……………………………… 126、288
泣く　なく ……………………………… 221
投込寺　なげこみでら ……………………………… 132
馴染み　なじみ ……………………………… 170
鍋墨　なべずみ ……………………………… 228
奈良屋茂左衛門　ならやもざえもん ……………………………… 332

◆に

二階　にかい ……………………………… 79、88
二階廻し　にかいまわし ……………………………… 71
二階を止められる　にかいをとめられる ……………………………… 274
二月二日　にがつふつか ……………………………… 227
西河岸　にしがし ……………………………… 20、92
二十七明け　にじゅうしちあけ ……………………………… 51、121
二度寝　にどね ……………………………… 192
日本堤　にほんづつみ ……………………………… 18、140

俄　にわか …………………………………… 302、305
女犯　にょぼん …………………………………… 288
人参　にんじん …………………………………… 239

◆ね

不寝番　ねずのばん …………………… 76、147、208
年季　ねんき …………………………………… 43、51、240
年季明け　ねんきあけ ……………………… 59、92、205
年季証文　ねんきしょうもん …………… 57、255、344

◆は

売春防止法　ばいしゅんぼうしほう ……………… 14、344
梅毒　ばいどく …………………………… 51、248、252
破瓜　はか ……………………………………………55
袴　はかま ……………………………………………282
端　はし ………………………………………………324
場数巧者　ばかずこうしゃ ………………………56
八間　はちけん ………………………………………90
八朔　はっさく ………………………………………301
花簪　はなかんざし …………………………………202
花見　はなみ …………………………………………148
張見世　はりみせ ……………………… 80、82、156、309
判方　はんかた ………………………………………233
半可通　はんかつう …………………………………285
半挿　はんぞう ……………………………… 90、186
番頭　ばんとう ………………………………………70
番頭新造　ばんとうしんぞう ……………………36
判人　はんにん ………………………………………129
半籬　はんまがき ……………………………………83

◆ひ

引付座敷　ひきつけざしき ………………… 88、166
引手茶屋　ひきてぢゃや …… 98、124、150、154、188、270、304
引札　ひきふだ ………………………………………337

引け四ツ　ひけよつ …… 146、160
緋縮緬　ひぢりめん …… 205
一ト切　ひときり …… 94
避妊　ひにん …… 227
火の番　ひのばん …… 117
昼見世　ひるみせ …… 144
拍子木　ひょうしぎ …… 76、146
評定所　ひょうじょうしょ …… 327
屏風　びょうぶ …… 175、181、208

◆ふ

ふいご祭り　ふいごまつり …… 302
武左　ぶざ …… 282
房楊枝　ふさようじ …… 186
武士　ぶし …… 282
不実　ふじつ …… 269、335
伏見町　ふしみちょう …… 20
船宿　ふなやど …… 126
文使い　ふみづかい …… 112
ふられる …… 169
振袖新造　ふりそでしんぞう …… 36、160、178
風呂番　ふろばん …… 74

◆へ

部屋持　へやもち …… 35
紅殻格子　べんがらごうし …… 79
便所　べんじょ …… 86、91、115

◆ほ

放火　ほうか …… 312
幇間　ほうかん …… 101、110、305
奉公　ほうこう …… 43、129
忘八　ぼうはち …… 64
北州　ほくしゅう …… 22

北里　ほくり……22
ぼた餅　ぼたもち……302
北廓　ほっかく……22
墨河　ぼくが……65、292、336
北国　ほっこく……22
堀　ほり……126
堀の内　ほりのうち……236
彫物　ほりもの……257
ポンペ　ぽんぺ……50、248

◆ま

前結び　まえむすび……203
籬　まがき……82
巻煎餅　まきせんべい……122、153
枕紙　まくらがみ……208
まじない……212
交り見世　まじりみせ……27
町奉行所　まちぶぎょうしょ……17、23
待乳山聖天社　まつちやましょうでんしゃ……18
間夫　まぶ……243
丸山　まるやま……15、258
廻し　まわし……168
廻し方　まわしかた……71、170
廻し部屋／廻し座敷
まわしべや／まわしざしき……36、90、167、181

◆み

身請け　みうけ……57
身売り　みうり……43、48
身売り証文　みうりしょうもん……52
見返り柳　みかえりやなぎ……19
ミカン　みかん……302
水揚　みずあげ……55、241
御簾紙　みすがみ……177、204、227

見世番　みせばん……70
見立て　みたて……161
三つ布団　みつぶとん……207
三囲稲荷　みめぐりいなり……142
宮本武蔵　みやもとむさし……327
名代　みょうだい……178

◆む

むこうの人　むこうのひと……115、198
息子／息子株　むすこ／むすこかぶ……286

◆め

名開　めいかい……219
妾　めかけ……60
飯盛女　めしもりおんな……16
面番所　めんばんしょ……23

◆も

毛氈　もうせん……156
もてる……169
元吉原　もとよしわら……14、322
最中の月　もなかのつき……125、153
物乞い　ものごい……116
紋日　もんび……305、335

◆や

夜具　やぐ……54、207
夜食　やしょく……197
雇人　やといにん……74
柳橋　やなぎばし……140
屋根舟　やねぶね……120、141
山形　やまがた……138
山や豆腐　やまやどうふ……125
遣手　やりて……67、261、265

遣手部屋　やりてべや ……………………………………………………88

◆ゆ

遊廓　ゆうかく …………………………………………………………… 3
遊女　ゆうじょ ……………………………………………… 3、32、340
夕食　ゆうしょく ………………………………………………… 195、197
遊女三千　ゆうじょさんぜん ……………………………………………28
遊里　ゆうり ……………………………………………………………16
指切り　ゆびきり ………………………………………………………… 258
湯文字　ゆもじ …………………………………………………………… 205
湯屋　ゆや ………………………………………………………………… 106

◆よ

用水桶　ようすいおけ ……………………………………………………26
夜着　よぎ ……………………………………………………………… 95、207
夜桜　よざくら ……………………………………………………… 299、304
吉原　よしわら ……………………………………………………… 3、346
葭原　よしわら …………………………………………………………… 322
吉原会所　よしわらかいしょ ……………………………………………24
吉原細見　よしわらさいけん …………………………………… 25、136
吉原雀　よしわらすずめ ………………………………………………… 294
吉原田圃　よしわらたんぼ ………………………………………………20
吉原連　よしわられん ……………………………………………………66
夜鷹　よたか ……………………………………………………… 16、42
夜鷹蕎麦　よたかそば …………………………………………………… 115
呼出し昼三　よびだしちゅうさん ………………………………………35
夜見世　よみせ …………………………………………………………… 144

◆ら

羅生門河岸　らしょうもんがし ………………………………… 20、92

◆り

寮　りょう ………………………………………………………………… 254
料理番　りょうりばん ……………………………………………………74

淋病　りんびょう ……………………………… 51、248、251

◆る

留守居役　るすいやく ……………………………… 36、285

◆ろ

廊下　ろうか …………………………………… 75、90
楼主　ろうしゅ ……………… 64、85、241、266、305、312、344
楼主の女房　ろうしゅのにょうぼう………………61、64、85、265
労咳　ろうがい ……………………………………………51

◆わ

若い衆／若え衆　わかいし／わけえし ……………………70
若い者　わかいもの ……………………………………70
若旦那　わかだんな ……………………………… 36、286
割床　わりどこ ……………………………… 90、181、318
割戻し　わりもどし ……………………………………67